歴史文化ライブラリー

210

# 数え方の日本史

三保忠夫

吉川弘文館

# 目　次

## 数えることの歴史

# 数える――プロローグ

その名は、〝ワガハイ〟。夏目漱石の小説『吾輩《わがはい》は猫である』にちなむとすれば、それなりに教養あるネコかと思われるが、今朝は、引きすえられて「お勉強！」とのこと。後ろ姿から窺えば神妙《しんみょう》のようではあるが、やや前かがみの姿勢に迷惑げな気持ちがにじんでいる。そして、案《あん》の定《じょう》、しどけなく眠りこけては大イビキとなる。「お勉強なんて、所詮《しょせん》はネコに小判《こばん》、イヌに論語《ろんご》、とんとやる気は起こらない……」。だが、「アジの開《ひら》き一匹＋イワナ……」と聞けば、話は別だ。ガバッと跳ね起き、背筋も伸びる。

抽象《ちゅうしょう》的な数《すう》の概念《がいねん》で構築されるのは高等数学の世界である。しかし、初心者向けの算数の時間ならば、数（数字）だけでなく、これにサカナやフルーツなどの具体的な形象《けいしょう》を添え、それによって学習効率を高めることができる。形象にも段階がある。階梯《かいてい》を踏めば、

図1　Mr. ボオ（砂川しげひさ作．『朝日新聞』1998年5月5日掲載）

やがて、具象《ぐしょう》的世界から普遍的な抽象的世界へと飛翔《ひしょう》していくことができる。

一般的な言語生活においても同様である。数や量の問題は、日常生活のどこにでも存在する。これらを話題とするとき、抽象的な数だけでなく、これに多少の具象性を付与《ふよ》すれば、より安定した意思の伝達が可能となる。その具象化を担当する言葉が、「一匹」「二枚」「三羽」「四ケース」である。これらは、その話題とするモノの性質や形状などを単位名としたもので、日本文法論上、「助数詞《じょすうし》」と称される語群（接尾語）である。精確な数値ということになれば「一グラム」「二メートル」「三リットル」という単位の出番となる

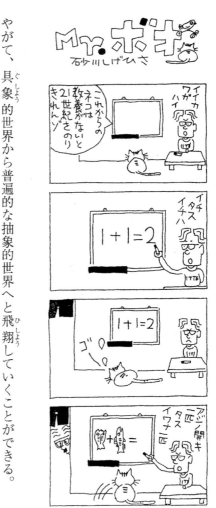

が、日常生活においては、そうした表現は、必ずしも必要とされず、むしろ、具象的、即物的な数え方の方が多用される。こうした数え方は、日本人の認知作用・思考方法に根ざしたものであり、古来、豊かな日本語表現の一翼《いちよく》をになってきた。

この種の数え方は、一説には五〇〇種類にも及ぶとされる（NHK教育テレビ『知るを楽しむ　日本語なるほど塾』二〇〇五年一〇・一一月号）。この種類に加え、それぞれの用法を学ぶとすれば、その習得には膨大《ぼうだい》な労力が要求される。しかし、右は、今は使われない古《こ》代語《だいご》まで含めた数字のようで、実際にはこれほどの種類や用法は必要ではない。いつの時代でも、その時代にはその時代に相応《ふさわ》しい数え方が行われていたはずである。

本書では、こうした数え方が、いつから、どのように行われてきたのか、文字資料の残り始めた時代にさかのぼって考えてみたい。実は、同趣の数え方は、シナ・チベット語族《ごぞく》の諸派、タイ語・漢語《かんご》、チベット語・ビルマ語などの言語にもよく行われている。わが国のそれは、日本語固有のものであろうか、あるいは、そのいずれかより導入されたものであろうか。また、これらは、その後、どのような分野・場面で、どのように用いられてきたのであろうか。中世の古辞書・故実書類《こじつしょ》、近世の書札礼《しょさつれい》・辞書類などを参照し、さらには地方の古文書や方言資料などを参考にしながら、この問題について検討していきたい。数え方の歴史を学ぶことは、日本文化の諸相をうかがうことでもある。

# 数え方の伝来

# ものの数え方

日本では、もの・ことの数（数量）を表現する場合、「豆腐《とうふ》一丁」「三匹、のこぶた」「鶏肉五〇グラム」「牛乳一〇〇〇ml」のように、数を表わす数詞《すうし》と単位《たんい》とが用いられる（単位には、後に述べるように、広義・狭義の両様の意味・用法がある）。

## いつ・どこで数えるか

こうした数詞と単位のうち、以下に取上げるのは主に単位の方であるが、その前に、数詞や単位の用いられる場面の問題について触れておきたい。

数詞や単位は、今日、いつでも、どこでも使用されている。いや、そのようにみえる。しかし、はたして、そうであろうか。例えば、八百屋《やおや》の店先や家庭内で、「豆腐△を下さい」「牛乳△を飲みたい」「ミカン△がほしい……」といった会話は交わされても、その数

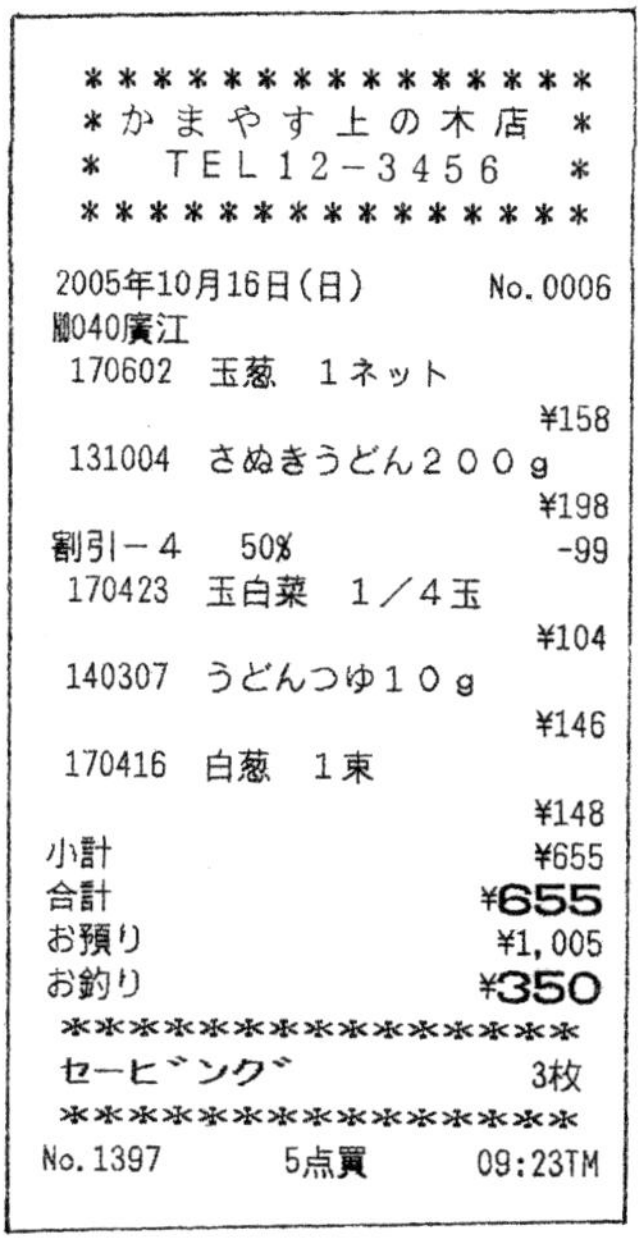
＊＊＊＊＊＊＊＊＊＊＊＊＊＊＊
＊かまやす上の木店 ＊
＊ TEL12－3456 ＊
＊＊＊＊＊＊＊＊＊＊＊＊＊＊＊
2005年10月16日(日) No.0006
№040廣江
170602 玉葱 1ネット
¥158
131004 さぬきうどん200g
¥198
割引－4 50% -99
170423 玉白菜 1／4玉
¥104
140307 うどんつゆ10g
¥146
170416 白葱 1束
¥148
小計 ¥655
合計 ¥655
お預り ¥1,005
お釣り ¥350
＊＊＊＊＊＊＊＊＊＊＊＊＊＊＊＊＊＊
セービング 3枚
＊＊＊＊＊＊＊＊＊＊＊＊＊＊＊＊＊＊
No.1397 5点買 09:23TM

図2　スーパーのレシート

量や単位を表わす「一丁」「一杯」「三個」といった言葉はなかなか出てこない。「蛙《かわず》飛び込む水の音」と詠む芭蕉も「ミサイル配備」を演説する首相も、また、「当選はデジタルカメラ」と力説する年賀はがきも、その文脈それぞれにおいて数・量を表現しないのである。だから、いざ、これを英訳でもしようとなると翻訳者は困惑してしまう。日本語には、ものの単・複や数・量を明瞭に表現しないという傾向があり、加えて、日常会話では、「携帯電話」も「牛乳パック」も「ひとつ・ふたつ」で済ませることもある。本来の日本人は、必ずしも数量の表現を必要としていなかったのではなかろうか。

では、数・単位が、いつ、どこで問題にされているかとみれば、それは、おおむね、実務的な文書・書類、例えば、企業や官庁等の経理関係書類、発注・受注の契約文書、また、私的な家計簿、スーパーマーケットやコンビニのレシートなどである。業務関係文書から生活関係文書の類（および、これらに付随する会話）においては、数とその単位は不可欠の問題であり、その単位の種類も頻度《ひんど》も、とても日常会話の及ぶところではない。

数詞・単位の表現は、してみれば、会話を中心とする口頭言語よりも文書を中心とする書記言語において充実しているといえそうである。こうした状況は、実は、今日だけのことでなく、古代の、日本に文字資料が作成され始めたときからのことらしい。

日本において、文字資料が比較的多く残り始めたのは八世紀、すなわち、奈良時代からである。この時代には、東大寺の勅封《ちょくふう》宝庫に秘蔵されてきた「正倉院文書《しょうそういんもんじょ》」があり、近時、都城跡《とじょうあと》や各地の遺跡から多くの木簡《もっかん》類も出土《しゅつど》している。木簡は、七世紀に遡《さかのぼ》るものもあり、さらに古い資料として金石文《きんせきぶん》や墨書《ぼくしょ》・刻書《こくしょ》土器などもある。これらは当時の生の文字資料であり、古代語研究や古代史研究はもとより、各分野における第一等資料とされている。

文字量からみた場合、その主を占めるのは、木簡と正倉院文書である。ともに公《おおやけ》の識字《しきじ》層《そう》の手になる、中間的社会層に関与するものであるが、これらにおいて注意されるのは、そこに数・量と単位に関わる文字が非常に多いということである。一般的な編纂物《へんさんぶつ》、歴史・文学・宗教の書などには、こうした傾向は認められない。すなわち、木簡や正倉院文書、つまり、文書といわれる文字資料群の成立要因の一つは、実は、ここにあるのである。数・量は、現実的生活に密接に関係し、ときにその現実を制約するものでもある。日本における数詞・単位の表現は、まず、こうした文書類において発達してきたようである。古代の文字資料は、漢字・漢文を主として作成されたものが多く、数詞や単位が使われていても、その読み方や用法がわからないといったケースも少なくないが、次には、先学に導かれながら、古代から今日までの数詞・単位・助数詞について検討していこう。

## さまざまな数詞

「数詞」とは、数《すう》や数えることを表わす言葉（記号）であり、日本語では名詞（体言）の一種と分類される。日本固有の和語によるものや外来の漢語・欧米語などによるものがある。

和語の数詞とは、「ひと・ふた・み・よ・いつ・む・なな・や・ここの・とお」、および、「はた（二〇）」「みそ（三〇）・よそ（四〇）……」「もも（百）」「よろず（万）」「ち（千）」などである。「ひと-ふた」「み-む」「よ-や」などは語頭の子音を共通にする倍数法からなるとされる。

和語の数詞は「とお」までである。この点、漢語の場合と大きく異なる。これは、日本社会や文化の成り立ち、また、日本民族の数の概念のあり方に負うものである。

和語の数詞は、多く名詞に上接する形で用いられ、また、「つ・ち」「り・たり」という接尾語をつけて「ひとつ・ふたつ……」、「ひとり・ふたり……」などと用いられる。

漢語の数詞とは、古代中国から伝えられた「一《いち》・二《に》・三《さん》・四《し》・五《ご》・六《ろく》・七《しち》・八《はち》・九《く》・十《じゅう》・十一、……二十、……百《ひゃく》、……千《せん》、……万《まん》、……億《おく》、兆《ちょう》、京《きょう(けい)》……」などである。「十十が百、十百が千、十千が万、十万が億、十億が兆」と一〇の倍数が基本になっており（一〇進法）、この循環規則によってどんな大きな数でも表わすことができる。このように整備された数体系は、古代文明社会の出現と不可分のものであり、また、それを支える不可欠の基盤でもあった（松本克己氏「世界言語の数詞体系とその普遍的基盤」『月刊 言語』二八―一〇、一九九九年）。

ただし、「……百・千・万・億・兆・京……」などの数《すう》の名の用い方は、単一ではなく、大別して下等（小乗）・中等（中乗）・上等（大乗）の三種類の方法がある（命数法）。漢語の場合は、その中等の方法の一つであり（東洋式）、古代インドに起こった仏教の漢訳経《かんやくきょう》典《てん》には上等（大乗）が用いられている。明《みん》代には、「十万・百万・千万・（万万が）億・十億・百億・千億・（万億が）兆」のように万から上を万進法とする算法書が現われ（程大位《ていだいい》著『算法統宗《さんぽうとうそう》』明・一五九二年〈万暦二〇〉刊）、江戸時代に流通した吉田光由《よしだみつよし》著『塵劫記《じんこうき》』（初版は一六二七年刊）はこれを継承する。

漢語の数詞には、また、「大字《だいじ》」といわれる「壱・弐・参・肆・伍・陸・柒・捌・玖・拾・佰・仟」などの文字も用いられる。奈良時代の「公式令《くしきりょう》」には、公文書の文字の書き様を規定して、「凡《およ》そ公文《くもん》は、悉《ことごと》くに真書《しんじょ》に作《つく》れ。凡そ是《こ》れ簿帳《ふちょう》、科罪《かざい》、計贓《けいぞう》、過所《かしょ》、抄牓《しょうぼう》の類《たぐい》の、数有らむ者《もの》は、大字に為《つく》れ」とある。「真書」とは楷書《かいしょ》、「大字」とは画数の多いこの数字をいう。平城宮跡からは次のような習書《しゅうしょ》（文字練習）木簡が出土している（・印は簡の表と裏）。

・□〔伍カ〕陸柒捌仇拾陸□□□陸□〔陸カ〕奥国裳上郡裳／□餉滄粶蠲蒲（ママ）□〔縛カ〕

（『平城宮木簡三』三〇二八号、(332)・56・4 6081 杉・板目、表面の一部）

木簡の表裏に二筆があり、艸冠《くさかんむり》や糸偏《いとへん》などの文字も習書されている。「裳上郡《もがみ》」は、和《わ》銅《どう》五年（七一二）一〇月に陸奥《むつ》国から出羽《でわ》国に編入される。地方官吏もこの文字を練習した。

・壱拾弐拾参拾肆拾伍拾六□
・柒拾捌拾玖拾壱拾弐拾

（『平城宮木簡六』一〇二二四号、(244)・(14)・3 6081 檜・板目）

大字は、七世紀以前、隋・唐からもたらされた文書作成用の文字とみられる。従って、読み方は当時の漢音《かんおん》によったかと推測されるが、ふつう、「一《いち》・二《に》……六《ろく》・七《しち》・八《はち》……」

などと同様の呉音《ごおん》で読まれている。一般の書状には用いないが、正確さが求められ、改竄《かいざん》を恐れる帳簿や証明書、金銭貸借文書・不動産登記簿などに用いられてきた。

二〇・三〇・四〇などの数には「卄（廿）」「卅」「卌」の字体も用いられる。これは、計算用の算木《さんぎ》（運算に用いる角棒）に出るものであろう。「Ⅲ」「ⅢⅠ」の字形もある（後述）。

なお、関連する数表現に、『大方広仏華厳経《だいほうこうぶつけごんきょう》』、その他の仏典から出た「大数《たいすう》」「小数《しょうすう》」がある。前者には「無量大数《むりょうたいすう》（$10^{88}$）・不可思議《ふかしぎ》（$10^{80}$）・那由他《なゆた》（$10^{72}$）・阿僧祇《あそうぎ》（$10^{64}$）・恒河沙《ごうがしゃ》（$10^{56}$）……拘梨《くり》（$10^{10}$）」など、後者には「浄《じょう》（$10^{-23}$）・清《せい》（$10^{-22}$）・空《くう》（$10^{-21}$）・虚《きよ》（$10^{-20}$）……刹那《せつな》（$10^{-18}$）……須臾《しゆゆ》（$10^{-15}$）……埃《あい》（$10^{-10}$）・塵《じん》（$10^{-9}$）……」などがある（小林昭氏「仏典に表われる数詞」『仏教経済研究』第二五号、一九九六年、平嶋秀治氏「華厳経における大数について」『駒沢女子大学研究紀要』第七号、二〇〇〇年）。

漢語の場合、和語の数詞と異なり、その数量表現は、ほぼ無限の広がりをもつ。これは、中国文化の空間的・時間的認識力の大きさを示すものであろう。異進法、すなわち、二進法・六〇進法、その他に適用できる範囲も大きい。その後の中国からは「イー《（二）》・リャン《（両）》・サン《（三）》・スー《（四）》」（江戸時代）といった新しい数詞も伝えられている。

英米語から入った数詞には「ワン・ツー・スリー」、ドイツ語のそれには「アイン・ツバイ・ドライ」などがある。外来語彙《ごい》は、日本の外来文化摂取の歴史を示すものである。

## 数字をどう読んだか

漢語の数詞（数字）は、今日でも「イチ」「ニ」「サン」「シ（また、ヨン）」「マン」……と発音されている。ここで「二《に》」……「六《ろく》」「八《はち》」「九《く》」「百《ひゃく》」「万《まん》」などと読む字音の体系は「呉音」と称されるもので、古代の万葉仮名《まんようがな》にも用いられ、また、古くからの仏典読誦《どくじゅ》などにも用いられてきた。この渡来時期は定かでないが、六、七世紀のころ、朝鮮半島を経由して伝えられたものらしい。唐代の「漢音」が伝わってくる前のことである。

ところで、数の大きい「十五」「二百」「三十一字」といった数字は、何と読むのであろうか。八世紀は、すでに漢字漢文にも文書行政にも堪能《たんのう》であったようだから、字音で「じゅうご」「にひゃく」「さんじゅういちじ」などと読むことはできたであろう。だが、これは一般的な文書類や漢籍・仏典等の場合であって、『日本書紀』の訓読や祝詞《のりと》、また、「記《き》紀《き》」歌謡や『万葉集』などの韻文《いんぶん》では和語で読まれたようである。

餝《cカサリ》騎《aムマcナ、》七十五疋《ソチアマリイツ、を》（推古《すいこ》紀、岩崎本、aは平安中期末点、cは室町時代点）

絁《フトキヌ》一千六百七十三《チアマリムウアマリナ、ソアマリミ》匹《ムラ》・布二千八百五十二《ヌノフタチアマリヤホアマリイソアマリフタ》端《ムラ》・綿六百六十六斤《ワタムウアマリムソアマリムハカリ》（天武《てんむ》紀、北野本）

雑御装束物・五十四種《イクサアマリヨクサ》・神宝廿一種《ハタクサアマリヒトクサ》乎儲備天（延喜式《えんぎしき》、八、土御門《つちみかど》本、遷奉大神宮祝詞）

『日本書紀私記』（丁《てい》本、平安時代承平《じょうへい》六年〈九三六〉成立）には、「一百七十九万二千四百七十余歳」を「師説」に「モ、ヨロヅトセアマリ、ナ、ソヨロヅトセアマリ、コ、ノヨロヅトセアマリ、フタチトセアマリ、ヨホトセアマリ、ナ、ソトセアマリ」と読むとある。『古今和歌集』仮名《かな》序《じょ》には、和歌の「三十一字」を「みそもじあまりひともじはよみ《（詠）》ける」（河野美術館本）という。「みそもじ《（三十字）》」と「ひともじ《（一字）》」を「あまり」でつなぐ。紀貫之《きのつらゆき》の『土左日記《とさにっき》』にも「三十七字」を「みそもじあまりななもじ」（青谿書屋本《せいけいしょおく》、承平五年一月一八日の条）という。これらは『書紀』古訓《こくん》、また、和歌に関わる表現である。

『土左日記』は、しかし、記録体《きろくたい》の日次記《ひなみき》を踏まえたものらしく、作中に「二十二日に」「二十三日」「二十四日」……と多くの日付がみえ、これが段落の標目を兼ねてもいる。これらの日付は、当時の古記録（公家の日記）や古文書に同様、字音《じおん》読とみられる。その序文には「をとこもすなる日記といふものを　をむなもしてみんとてするなり　それの《（某）》とし《（年）》のしはす《（十二月）》のはつか《（二十日）》あまりひとひ《（一日）》のひ《（日）》のいぬ《（戌）》のとき《（刻）》にかとで《（門出）》す」と格別の和語表現がみえている。それは、ここで作者が、みずからを女性に仮託し、仮名書き和文を志向すると宣言する条であるからであろう。他の和文作品にも、「三十一字のなかにこともじ《（異文字）》はすく《（少）》なくそへ《（添）》たることのかたきなりと……」（『源氏物語』行幸《みゆき》、大島本）とみえる。仮名書きならともかく、こうした漢字表記は字音読であった可能性が高い。

## 掛け算九九

律令体制の実質を担うのは文書行政である。官吏は、それゆえ、文字（漢字）はもちろんのこと、数理、および、漢語数詞の操作にも堪能でなければならない。大学寮は「大宝令」によって整備され、ここに算道《さんどう》（算博士《さんはかせ》二人・算生《さんしょう》三〇人）が置かれたが、大学の前身は天智《てんじ》・天武《てんむ》朝にあるようであり、官吏として必要な記帳技術や租税計算などの教育は、より早く、少なくとも大化の改新前から行われていたのであろう。こうした事情を窺《うかが》わせるのが、掛け算九九を記した木簡の出土であり、『万葉集』にみられるその戯書《ぎしょ》的用法である。

古代の掛け算九九は、藤原宮跡出土木簡に次のようにみえる。

・□□□　□〔八カ〕九□□　□□⊓
・□□□　七九六十三六□□⊓　（『藤原宮木簡二』六六六号）

藤原宮時代（六九四～七一〇年）の習書木簡である。
平城宮跡出土木簡にも次のような例がある。

・五九卌五　□□□□□　（『平城宮木簡二』二七三〇号、表面）
五七卌（ママ）十五　二七十□〔四〕……　（『平城宮発掘調査出土木簡概報六』七頁）
八九七十二　五九□〔卌〕五　（『平城宮発掘調査出土木簡概報一三』一〇頁）

・九々八十一八九七十四　　（同右、二三、二〇頁）

・九九八十一八九七十四

平城宮跡からは、「三条七瓺水四石五斗九升」（『平城宮木簡二』二三三一号、SD三〇三五）のような木簡も出土している。瓺《みか》は、水・醬《ひしお》・未醬《みそ》・酢・酒などを入れる容器である。これらは縦・横にならべて据え置かれ、「三条七」は、その位置関係を示している（巽淳一郎氏説）。縦・横にならべ置いたなら、総量や消費量・残存量の計算は容易であろう。

長野県千曲市《ちくまし》（旧更埴市《こうしょくし》）屋代《やしろ》遺跡群からは、次のような八世紀前半の木簡が出土している（『木簡研究』一八号、寺内隆夫氏執筆による）。

・九々□□〔八十〕一　□□〔八九〕七十□〔二〕　□□〔七九〕六十三　□□〔九九〕　六九五〼

〔五〕
□九卌　四九卌　三九廿七　二九十八

・□九如□　八々□〔六〕十四　七□〔八〕〼

五八卌　□□　三八□〔廿〕　二八十六

・□四七廿八　〼四六廿四〼　（第八一号）

□五七卅五　〼五六卅　□　（第一一六号、裏面略）

長岡京跡出土木簡には、厚手の板材（(258)・20・15　059）の四面に九九を習書した次のような例がある。長岡京時代（七八四～七九四年）の習書木簡で、四面に、九の段から二の段までの計三六組の九九が書き継がれていたろうと推定される（『長岡京左京出土木簡一』報告書第一六、一九九七年、また、『木簡研究』八号、吉崎伸氏執筆、一二三頁、また、佐藤信著『日本古代の宮都と木簡』吉川弘文館、四五八頁）。

・□卅五　四九卅六　三九廿七　二九十八　（表面）
・□□　□□□□［二八十六カ］　七、卅九　（左側面）
・□廿四　三六十八　（裏面）
・□　（右側面）

平安京跡（右京八条二坊二町の溝、九世紀前半）からも次の三点が出土している。

・廿五日
・九々八十一　（『木簡研究』八号、辻裕司氏執筆、一二八頁）
九々□［八十カ］一　八九七十二　七九六十□［三カ］　（同右）
□五十四　五九四十□　（同右）

新潟県北蒲原《かんばら》郡中条町草野遺跡（奈良時代末から平安時代初頭）からは、数点の須恵器《すえき》や土師器《はじき》、木簡類に交じり、「六八卌八　五八卌　四八卅三（ママ）　三八」「猪油一升」などと書かれた木簡が出土している（『新潟日報』二〇〇二年八月二三日）。数字の「卅」「卌」も算

（算木）の形式に出るものであるが、「卅」「卌」とは別の流れになるのであろうか。
宮城県柴田《しばた》郡川崎町の下窪《したくぼ》遺跡では、竪穴《たてあな》住居跡から「・九九八十一　八□　／（別筆カ）便□／・□自女」と墨書した漆紙文書《うるしがみもんじょ》（九世紀後半～一〇世紀前半ころ）が出土している（佐藤宗諄・橋本義則氏「漆紙文書集成」『木簡研究』九号、一五六頁）。

地方の官吏にとっての第一使命は徴税である。任務遂行《すいこう》のためにも九九は必須《ひっす》であった。掛け算九九は、古くは「九九八十一」から唱え始めて九九・八九・七九・六九……と順に下がってきたので「九九」と呼ばれる。『万葉集』には、この九九を用いた次のような戯書《ぎしょ》的表記法がみられる。

○「二々」「二二」「重二」「並二」を、「し」の表記に用いるもの
「君《きみ》者《は》聞《きこ》之《し》二々《し》」（助動詞、一三－三三一八）、「万代《よろづよに》如是《かく》二二《し》知三《しらさむ》」（助詞、六－九〇七）、「吾《われ》者《は》生《いける》友《とも》奈《な》重二《し》」（形容詞、六－九四六）、「名《な》積《づみ》叙《ぞ》吾《わが》来《こ》並二《し》」（助動詞、三－三八二）

○「二五」を「とを」（助詞）の表記に用いるもの
「不知《いさ》二五《とを》寸《き》許《こ》瀬《せ》余《わが》名《な》告奈《のらすな》」（一一－二七一〇）

○「十六」を「しし（鹿・猪）」の表記に用いるもの
「十六《しし》社《こそ》者《ば》」（三－二三九）、「十六《しし》自物《じもの》」（三－三七九）、「十六《しし》履《ふみ》起立《おこ》之《し》」（六－九二六）、

「所レ射《い》《ゆ》十六《しし》乃《の》」（九ー一八〇四）、「十六《しし》待如《まつごとく》」（一三ー三二七八）

○「八十一」を「くく」の表記に用いるもの

「情《こころ》八十一《ぐく》」（四ー七八九、心ぐく）、「足引乃許乃間《あしひきのこのま》立《たち》八十一《くく》」（八ー一四九五、立《た》ち潜《く》く）、「二《に》八十一《くく》不レ在《あらな》国《くに》」（一一ー二五四二、憎《にく》くあらなくに）、「高北之《たかきたの》八十一《くく》隣《り》之宮《のみや》尓《に》」（一三ー三二四二、くくりの宮に〈地名〉）、「八十一《くく》里《り》喚鶏《つつ》」（一三ー三三三〇、縛《くく》りつつ）

「八十一」を借りて「くく」と書く。「九《く》」も古い字音（呉音）である。

掛け算九九は、中国古代のそれが伝わったものである。漢代以降の九九、また、より古く九九に言及した文献などが知られているが、二〇〇二年七月、湖南省竜山県里耶《りや》鎮《ちん》城郭遺跡（一号井）から出土した秦代（紀元前二二一～同二〇六年）の簡牘《かんとく》約三万六千余枚のうちに、「四五二十」「五五二十五」「四八三十二」「五八四十」「六八四十八」などと書かれた竹簡《ちくかん》が見つかった（順不詳）。九九の実物としては現今、最古のものである。湖南省張《ちょう》家界《かかい》古人堤《こじんてい》の後漢の遺址からも九九表を書いた一簡が出土している。順序は、九九から一一へ下りていく。甘粛《かんしゅく》省新疆《しんきょう》出土の晋《しん》代の残信《ざんしん》（淡黄紙）にも、「□六十一、二九十八、一九□」（Or 8212/1398 d）、「□乗除九九一十二自打家(?)□」（Or 8212/1399 a）などの九九がみえ、敦煌《とんこう》から出土した唐代の『算書』（P 2667）・『竿経《さんけい》』（P 3349）・『立成竿《りっせいさん》経《けい》』（S 930 V）などの算書にも九九がみえる。順序は、やはり、九九から下へ下りていく。

なお、本書に「固有（の和語・助数詞）」という場合、いつの、あるいは、いつからの、また、どのような地域の、どのような人々の言葉を指すのかという点が問われる。これは、しかし、あまりにも大きな問題であるので、ここでは触れることができない。数詞は、日本語の系統問題とも密接に関係しており、これについては、白鳥庫吉《しらとりくらきち》・金沢庄三郎・新村《しんむら》出《いずる》・村山七郎・河野六郎・大野晋《すすむ》、その他の先学に詳論がある。なかでも日本語（和語）の数詞と高句麗語のそれとの間には相似関係があるとされる（新村出氏「国語及び朝鮮語の数詞について」『新村出全集』第一巻、筑摩書房、一九七一年、また『東方言語史叢考』岩波書店、一九二七年、村山七郎氏「日本語および高句麗語の数詞―日本語系統問題に寄せて―」『国語学』第四八輯、一九六二年）。また、日本語の「数詞」という名称、その成立、品詞論上の位置などについては宮地《みやじ》敦子氏「数詞の諸問題」（『品詞別　日本文法講座　2』一九七二年一一月）に、漢数字の表記法については山田忠雄氏に「漢数字の書法―文字論のためのおぼえがき―」（『日本大学文学部研究年報』第六輯、一九五五年度）など、それぞれ詳述されたものがある。

## 単位は何を表すのか

「単位」とは、もの・ことを数量によって表現するための基準である。どれだけ走ったのか、どれだけ水を飲んだのか、どんな味付けにするのか、これらをより正確に表現し、理解していくには、あらかじめ適当な尺度を設定しておくと都合がよい。そこで、一定の長さ・容積・重量・時間など、それぞれに一定の基準を定め、これを数詞とともに用いる。

広義の単位として、今日、日常的には「個《こ》・リットル・KL（キロリットル）・ML（ミリリットル）・cc（シーシー）・頭《とう》・匹《ひき》・羽《わ》・かご・〆《しめ》・箱《はこ》・部《ぶ》・KG（キログラム）・袋《ふくろ》・$M^3$（りっぽうメートル）・M（メートル）・本《ほん》・冊《さつ》・台《だい》・式《しき》・枚《まい》・脚《きゃく》・打（ダース）」などがあり、これらが、略称や記号を交えながら用いられている。

単位は、数を数えるものと、かさ（量）をはかるものとの二種類に分けられる。前者には、「一匹」「二枚」「三冊」など、後者には、「一袋」「二ケース」「三リットル」などがある。しかし、厳密に「単位」（狭義）というときは、制度的な「メートル」「リットル」「キログラム」「秒」などに限られ、「個」「匹」「本」などの助数詞は含めない。助数詞は、表現者の主観や対象によって使い分けられる。これに対し、単位の方は、表現主体や対象によって左右されることのない、全国的に、また、国際的に統一された単位である。

日本古来の度量衡《どりょうこう》、すなわち、「度（丈《じょう》・尺・寸、里・歩《ぶ》）・量（石《こく》・斗・升・合・勺《しゃく》）・

衡（斤《きん》・両・分、貫目《かんめ》・匁《もんめ》）」なども狭義の単位の一つであった。だが、近代的な計量単位の統一と計量秩序の維持を目的として一九五二年（昭和二七）に計量法が、また、一九五九年一月にメートル法が施行され、ＣＧＳ単位系（センチメートル・グラム・秒）が法定計量単位となった。現在は、さらに、国際的な統一性と合理性を有する精密な国際単位系（仏語で Système International d'Unités．略称ＳＩ、一九六〇年第一一回国際度量衡総会で採択）が、特に学術研究や精密業種などで用いられている。

ＳＩ基本単位には「メートル」「キログラム」「秒」など、また、その組立《くみたて》単位には「ヘルツ」「パスカル」「ジュール」「ワット」「オーム」「ルクス」、その他があり、これらには「アト」（$10^{-18}$）から「エクサ」（$10^{18}$）までの一六種の接頭語が用意されている。単位というものは、いわば人間の認知作用の便宜をはかるためのものである。諸科学が発展し、知識・情報量が増大していくにつれ、さらに新しい単位が登場することになろう。

**人間臭い単位、助数詞**

ＣＧＳ単位系やこれを基本として成立したＳＩ単位系が精確さを誇る単位であるとすれば、その一方に、自然にはぐくまれ、日常生活や労働作業の場で生れ育った単位もある。ここに属する単位が、多く、「助数詞《じょすうし》」といわれる類である。すなわち、助数詞とは、数詞にそえられ、数えられるその対象（もの・こと）の性質・形状・様態・種類などを表わす語である。対象についてのイメージを与え、または、対象の属するクラスや範囲等をも示しているので、類別詞《るいべつし》・分類辞《ぶんるいじ》・範疇詞《はんちゅうし》といった言葉で説明されることもあり、これに相当する語を、量詞《りょうし》（中国語圏）・クラサファイア **classifier**（英語圏）などという国もある。

今日の助数詞には、(イ)和語《わご》（固有の日本語）によるものと、外来の(ロ)漢語《かんご》（中国古代語に出るもの）、(ハ)英語などによるものとがある。次の、数詞を除く部分がそれである。

(イ)ひとひら（一枚）　ふたくち（二口）　みすじ（三筋）　よふり（四振）　いつたり（五人）　ななたび（七度）　ここのか-ぶん（九日-分）　とえはたえ（十重二十重）

(ロ)一個《こ》　二匹《ひき》　三本《ぼん》　四俵《ぴょう》　五重《じゅう》　六丁《ちょう》　七人《にん》　八杯《ぱい》　九基《き》　十番《ばん》　百度《ど》　千頭《とう》

(ハ)一カップ　二ケース　三カートン　四パック　……

書き言葉中心の場では、(ロ)がよく用いられたが、今は(ハ)も日常的によく用いられる。

助数詞のなかでも、「-ひら」「-すじ」「-個」「-匹」などは数を数える単位であり、「-杯」「-俵」「-カップ」「-パック」などはかさをはかる単位である。日本では、ともに助数詞として扱われるが、後者を「数量詞《すうりょうし》」、器物称量法《しょうりょうほう》ということもある。

数詞が和語であれば助数詞も和語で、数詞が漢語であれば助数詞も漢語で読まれる傾向があるが、一〇前後から上の数字になると、数詞も助数詞も漢語で読まれることになる。

しかし、「四《よん》-枚《まい》」「七《なな》-回《かい》」（和語-漢語）・「七《しち》-羽《わ》」（漢語-和語）というような和漢を交えた読み方も、まま見られる。

関連して、「第一番」「第二級」「第三回」「五つ目」といったものごとの順序や等級を表わす語法がある。助数詞の「番」「級」「回」などを踏まえた、その意味では、助数詞の用法の一つではあるが、ふつう、これらは「序数詞《じょすうし》」、または、「順序数詞」という。英語の「ワン・ツー・スリー」に対する「ファースト・セカンド・サード」に相応しよう。

SI単位系が、極度に洗練された合理的な、人為的・制度的な単位であるとすれば、助数詞は、人間臭い、非合理的な単位といえるかもしれない。助数詞は、数えられるその対象と密接に関わり合って成立している。時により、地方により、また、位相等によって助数詞やその用法が相異することもある。この点で、助数詞は、必ずしも統一性のある合理的な単位表現ではない。しかし、その多様な非合理・非統一の部分にさまざまな感じ方や考え方、また、生活様式や産業形態などの個別的事情が反映されており、ここに助数詞研究上の大きな意義が認められる。

# 中国からきた助数詞

## その源流

日本語の助数詞の主を占めるのは和語助数詞と漢語助数詞とである。以下には、この二者について概説しよう。ただし、話の都合上、先に漢語の助数詞について述べ、これを受けて和語の助数詞について述べることにしたい。

漢語助数詞は、中国古代の量詞《りようし》（陪伴詞《ばいはんし》・称量詞・単位詞などともいう）を源流とする。この量詞は、古く朝鮮半島経由で、また、中国からも直に日本に伝えられ、やがて、日本語助数詞の中核を占めることになった。漢語助数詞は字音読《じおんどく》で用いられるが、今日、ほとんどは日本風の発音に変化している。また、本来の漢語系助数詞をまねた日本製の助数詞もあり、漢語助数詞の和訳によって生れた和語助数詞も少なくない。

中国は、長い歴史と広大な領土をもつ国である。民族・言語、習俗・文化等の面でも単純一様ではなく、周辺諸国にも、古来、様々な影響を与えてきた。世界の言語は、形態的構造上、孤立語《こりつご》・屈折語《くっせつご》・膠着語《こうちゃくご》と分類される。中国の言語は典型的な孤立語であり、原則として語は単音節からなり、その文法関係は語序によって表わされる。音声言語としての語は声調（高低昇降のアクセント）をともない、文字として、いわゆる漢字が用いられてきた。

単音節語という性格上、この中国語には量詞といわれる類別詞《るいべつし》的語詞が発達した。その起源や誕生地域などについての詳細は不明だが、殷墟《いんきょ》の卜辞《ぼくじ》には「羌《きょう》百羌」「人十㞢六人」、西周の金文には「玉十玉」「田十田」「羊卅八羊」のように、その名詞（対象）を数詞の後にもう一度繰り返す形がみえている。文意の伝達を助けようとするエコータイプであり（王力氏著『漢語史稿』科学出版社、一九五八年）、これがその当初の形式とみられる。

漢代の書籍には、「木器髹者千枚」「竹竿万个」「唯橋姚已致馬千匹、牛倍之、羊万頭」（『史記《しき》』貨殖《かしょく》列伝）、「太守賜良鰒魚百枚」（『東観漢紀』）、その他の量詞が拾われる。「枚」「个」などは、もっとも一般的な量詞として用いられていたようである。ただし、善本を得てテキストの吟味を経るまでは、確かなことはわからない。

## 文書に見える量詞

日本語は、音韻・文字・語彙・文法、その他の種々の面で中国古代語から大きな影響を受けている。その助数詞についても、中国語における量詞が深く関わっていようと推測されるが、しかし、二国語間の比較・対照研究は困難とされてきた。というのは、中国の量詞は、口頭語においてよく発達したが、哲学思想や文学などの文章語においては、まず、用いられることはなかった。この点、「四書五経《ししょごきょう》」でも漢訳仏典《かんやくぶってん》でも、手近な書物をひもといてみれば、一目瞭然である。その理由が、量詞というものの文法的性格にあるのか、口頭語・文章語間の質的相異にあるのか、あるいは、竹簡《ちくかん》・木簡《もっかん》・筆といった書記素材にあるのか、なお検討してみなければならないが、ともあれ、過去の文字資料に形として表われることがなかったとすれば、量詞についての研究は、ほぼ不可能ということになる。もっとも、『史記』『漢書《かんじょ》』以下、量詞がまったく表われないということはなく、また、後世の「元曲《げんきょく》」「朴通事《ぼくつうじ》」「老乞大《ろうきつだい》」などの口語資料になれば、多くの量詞がみえているから、これらによる研究は不可能ではなかった。だが、これら以前において、良質のテキストの問題も含め、考察のための効果的な資料を欠くことは確かであり、ために、従来、中国語における量詞研究は放置されてきたに等しかった。量詞研究が停滞すれば、当然、彼我《ひが》の間の対比もままならない。先学の異口同音に嘆かれるところであった。

ところが、二〇世紀になって中国各地から新しい文字資料が陸続《りくぞく》と出土し始めた。一つは、その前半期に漢代西北辺境の防衛戦の遺跡から出土した簡牘《かんとく》類である。内容は、日常的な報告書や通信文書、帳簿や記録の類などである。事情によって廃棄され、または、放置されたものらしいが、偶然、それらの一部が今日まで遺存し、そのままの形で現代人の手にすることとなった。もう一つは、その後半期に入り、戦国時代・秦《しん》代・漢代などの墳《ふん》墓《ぼ》の中から出土しだした簡牘・布帛《ふはく》類である。冥界《めいかい》に旅立つ墓主の傍《かたわ》らに副葬品として置かれたもので、その内容は、彼の愛読書や業務の関係資料、また、遣策《けんさく》（副葬品のリスト、衣物疏《いぶつそ》とも）などである。書籍類には、『老子《ろうし》』（郭店楚墓《かくてんそぼ》）、『周易』『春秋事語』『戦国縦横家書』『老子《ろうし》』『五星占』『五十二病方』（馬王堆漢墓帛書《まおうたいかんぼはくしょ》）、『孫子《そんし》』『孫臏《そんぴん》兵法』『六韜《りくとう》』『尉繚子《うつりょうし》』『管子《かんし》』『晏子春秋《あんししゅんじゅう》』『墨子《ぼくし》』『相狗経《そうくきょう》』（臨沂銀雀山《りんぎぎんじゃくざん》漢墓）、『蒼頡篇《そうけつへん》』『詩経《しきょう》』（阜陽県双古堆《ふようけんそうこたい》漢墓）、『儀礼《ぎらい》』（磨咀子《まそし》漢墓）、『論語』（定県八角廊村《ていけんはっかくろうそん》漢墓）など、また、「秦律」（雲夢睡虎地《うんぼうすいこち》秦簡）、「漢律」「算数書」（江陵張家山《こうりょうちょうかざん》漢墓）、「医書」（武威県旱灘坡《ぶいけんかんたんは》漢墓）、その他がある。今日に伝わる著作や編書は、後世の転写を重ねて本文の改変されたものが多いが、出土した書籍類は、本文の年代的性格において抜群の信憑性《しんぴょうせい》をもち、また、文書類も、作成の時点・情況、周囲の環境など、種々の重要な情報を具《そな》えている。

二〇世紀初頭には、また、敦煌莫高窟《とんこうばっこうくつ》から、いわゆる敦煌文献が発見されており、その後半期にはトルファン（吐魯番）の古墳墓群、及び、寺院址《あと》等から文書類を主とする夥《おびただ》しい文字資料が出土している。前者は、資料年代としては主に九～一〇世紀に、後者は、おおむね四〜八世紀に集中している。

こうした文字資料の発見は、今世紀に入ってもとどまることがなく、先にも、湖北省九《きゅう》連墩《れんとん》戦国楚墓二号墓から千点余の竹簡、湖南省竜山県里耶《りやちん》鎮城郭遺跡から秦代を中心とする竹簡二万点余などが発見された。今後に期待されるところは大きいが、これら簡牘類に共通する長所は、まず、まったくの新出資料であること、かつ、言語量、または、文書量は決して少なくないこと、そして何よりも、当時の生のままの第一等資料（同時代史料）であることである。これらは、各種・各分野の研究にとって願ってもない好条件となる。

ただし、これは一般論としての長所であり、当面の量詞研究にとっては、この上になお、幸いとすることがある。つまり、漢代西北辺境の遺跡から出土した簡牘類、墓葬《ぼそう》から出土し始めた遺策類やトルファン文書には、量詞が原則的に使用されているという点である。その多くは、いわゆる古文書類である。従って、ここに、我々は、戦国・秦代ころから量詞についての多くの実例を収集することができ、同時に、「量詞は、文書類という文章ジャンルと密接に関わっている」という事実を知り得たことになる。量詞は、古文書という文字資料において、すでに姿をとどめていたのである。

この結果は、日本語における助数詞を考える上でも重要な意味を有する。中国古代の量詞が日本に伝えられ、その助数詞群の中核を占めるに至った、その必然性や理由が、ここ

図3　長沙馬王堆1号漢墓竹簡「疎比一具」

にひそんでいるからである。

### 量詞から助数詞へ

西北辺境の防衛戦の遺跡や墓葬などから出土した簡牘類には、名詞(対象)ごとに各種の量詞が用いられている。秦・漢代の簡牘類から、その一端を引こう。

車牛一両　(睡虎地一一号秦墓竹簡、始皇帝三〇年〈紀元前二一七〉)
疎比一具　(馬王堆一号漢墓竹簡、前漢初期〈紀元前一七五~同一四五〉「疎比」はクシ(櫛))
固魚一枚　(江陵鳳凰山一六七号漢墓木簡、前漢初期〈紀元前一七九~同一四一〉)
駅馬一匹　用食三石六斗……(居延《きょえん》簡牘、前漢中後期、他)　……鶏五隻(同)　出
魚一頭(同)　……牛二頭　二月甲戌南入(同)　袍一領(同)

馬王堆一号漢墓竹簡と鳳凰山一六七号漢墓木簡は、墓葬出土の遺策である。遺策類は一般の文書の形を借りたもので、古文書の一種と考えられる。居延は、烽燧《ほうすい》(砦)の跡である。

秦・漢の時代からは、万事を文書によって律する文書主義が徹底される。数字を用いる

文書には、その単位類――狭義の単位と量詞――の記入が必須とされ、以後、これらの語詞はますます発達し、より一般的、類型的に用いられるようになっていった。

日本語の漢語助数詞は、こうした量詞の流れを汲むものである。とはいっても、本来の日本語は膠着語に分類され、中国語との間には音声・文法・語彙・文体などすべての面に大きな相異がある。中国語という言語体系の一翼《いちよく》を担う量詞を、そっくりそのまま異質の日本語に移入することはできなかったはずである。

こうした場合、日本人は、よく借用という手法を用いた。中国の文字（漢字）や一般の語詞（漢語）などの場合もそうであったが、これらの量詞は、語彙レベルの借用という形で日本に導入されたのであろう。ただし、より正確にいえば、この量詞は、これを常用する場面、すなわち、文書行政とともに日本にもたらされたとみられる。

その借用と同時に、本来の機能や性質は変容し始め、その後の運命も変わったはずである。それがどのように変化したか、これは、中国における量詞とその流れを汲む日本語助数詞との比較・対照研究という形で細かく検討してみなければならない。中国の量詞が日本にもたらされた時代、また、そのルートや経緯などについても詳細な分析が必要である。

## 卑弥呼の時代

古代の日本には文字がなく、ためにみずから史書を編むことはなかったが、中国古代の史書は、まま、そうした日本について記すことがある。

そのうちの一つが次である。

すなわち、邪馬台国《やまたいこく》の女王卑弥呼《ひみこ》は、景初三年（二三九）六月、魏《ぎ》に朝貢《ちょうこう》し、「男生口四人・女生口六人・班布二匹二丈」を献上したので、魏の明帝は、同年一二月、制詔をもって、その忠孝をめで、「親魏倭王《しんぎわおう》」の称号と金印紫綬《きんいんしじゅ》、また、「絳地《こうち》交竜錦五匹・絳地縐《しゅ》粟罽《ぞくけい》十張・蒨絳《せんこう》五十匹・紺青五十匹」、さらに、「紺地句文錦三匹・細班華罽五張・白絹五十匹・金八両・五尺刀二口・銅鏡百枚・真珠鉛丹《えんたん》各五十斤」を下賜した。詔書・印綬と賜り物は、翌年（正始元）使者をもって届けられ、女王は、その使者に託して魏帝に上表し、恩恵を謝したという（『三国志』魏書、東夷倭人伝）。

右は、日中国交史上の重要な記録である。この前年、魏将司馬懿《しばい》は遼東《りょうとう》の公孫淵《こうそんえん》を誅《ちゅう》殺《さつ》して楽浪《らくろう》・帯方《たいほう》二郡を接収した。卑弥呼は、この緊迫した事態をうけ、直ちに魏に朝貢した。魏は、敵対する呉《ご》や高句麗《こうくり》などを牽制《けんせい》する必要があり、邪馬台国も抵抗勢力（狗奴《くな》国《くに》）と抗争中であった。魏と倭国とは、立場こそ違え、政策上の利害は一致していた。

卑弥呼からの国書、また、外国から邪馬台国宛の国書は、通訳や書記官の手によって作成され、翻訳されたのであろうか。彼らは、あるいは、渡来人であったのであろうか。ともあれ、この三世紀のころになると、倭国の人は、漢字・漢文と接触する機会が多くなったと推測される。「魏志倭人伝」には、卑弥呼の在位前後の詳細、また、その宗女壱与《いよ》が魏帝に「男女生口卅人・白珠五千孔・青大句珠二枚・異文雑錦二十匹」を献上した状況なども記されている。一方、魏と対立していた呉の年号「赤烏《せきう》元年」(二三八)の銘文《めいぶん》をもつ画文帯神獣鏡《がもんたいしんじゅうきょう》が山梨県鳥居原狐塚《とりいばらきつねづか》古墳から出土し、同様、「□《(赤)》烏七年」(二四四年)のそれが兵庫県安倉《あくら》古墳から出土している。熊本県球磨《くま》郡免田《めんだ》町の古墳から出土した鏡も三世紀の呉で作成されたものという。呉と通じていたのは邪馬台国の同盟国か、または、敵対国か。いずれにしても、当時、倭国と漢字文化圏との行き来は少なくなく、使節や国書の往復は、史書に書きとどめられた以上に行われていたのではなかろうか。

　中国皇帝からの賜り物は、確かに貴重な文物であるが、同時にステータスシンボルでもあった。魏帝が卑弥呼に「銅鏡百枚」等を与えた折の詔書は、「これらの下賜品を汝《なんじ》が国中の人に見せ、わが帝国が汝を慈《いつく》しんでいることを知らせなさい」と結ばれている。ことに、銅鏡は、その後ろ盾の存在を他に知らしめ、国内を鎮定しながら、外敵を牽制《けんせい》するためのものでもあった。また、こうした賜り物は、使節に文書を携行させて届けるのが常である。二四〇年の折は、建中校尉《こうい》梯儁《ていしゅん》等に命じ、詔書印綬《いんじゅ》を奉じて倭国に詣《いた》らせ、卑弥呼に直に詔をもたらし、下賜品を賜らせたとある。倭人伝の記録も、そうした文書の控え、もしくは、国書そのものなどに基づいて行われているのであろう。文書は、下賜の事実を明文化し、記録して後世に残すためのものである。その賜り物の条には、品目と数量とが明記され、数字には必ず単位が添えられたであろう。単位とは、右の場合、「匹・丈・両・斤」（狭義の単位）や「人・張・口・孔・枚」（量詞）などをいう。

　この時代、文書に用いられた書記素材は木簡と墨であったと推考される。紙幅の制約が大きいから、簡潔を旨とし、文言は吟味されたはずである。従って、単位が文字に表わされていること自体、そのウエイトは小さなものではなかったと知られよう。こうしてみると、当時の倭国、卑弥呼の傍らには、文書を作成し、単位というものの使い方を理解する人物が確かに存在したと推測される。

　なお、倭人伝には、帯方《たいほう》郡から邪馬台国に至る行程を記す条があり、ここでは里程の他に、「……南至二投馬国一、水行二十日、官曰二弥弥一、……南至二邪馬壱(台)国一、女王之所レ都、水行十日、陸行一月、官有二伊支馬一、……」「船行一年可レ至」という表現もみられる。「水行」「船行」は水上の行程、「陸行」は陸上の行程（晋代は一日五〇里か）をいう。これは、「日」「月」「年」（時間）によって距離を表現する単位である。ここは、邪馬台国の所在を示す重要な条であるが、解釈がゆれる。当時の地理的観念のあり方が問題のようである。

　卑弥呼に贈られた「銅鏡百枚」も、邪馬台国の所在を知る重要な手掛りとされる。日本各地から出土する青銅鏡（魏の青龍三年〈二三五〉・景初三年・同四年〈正始元年〉・正始元年などの銘の鏡、また、無銘の鏡）との関わりにおいても注目されている。

## 文字を使用する倭人

一七八四年（天明四）、福岡県の博多湾口の志賀島《しかのしま》叶崎《かなのさき》から「漢委奴国《かんのわのなのこく》王《おう》」（篆書《てんしょ》体・陰刻《いんこく》）と刻んだ一寸四方の金印が発見された（漢代の一寸は二・四センチ）。これは『後漢書《ごかんじょ》』東夷伝《とういでん》に、西暦五七年、光武帝《こうぶてい》が奉貢朝賀した倭の奴国に「印綬」を賜ったとある条と符合する。時に弥生時代中期のことで、奴国は、北部九州、福岡平野を拠点とする強国であった。後漢の朝鮮経営も翳《かげ》り始めていたようだから、こうした政治情勢が「楽浪《らくろう》海中の倭人」（『漢書』地理志）に対する配慮となったのであろう。金印そのものは、古代日本の文字文化のあけぼのを象徴するものであった。

二世紀以降になると、墨書土器《ぼくしょどき》・刻書《こくしょ》土器や鉄剣の銘文などの文字資料が登場してくる。卑弥呼の時代を経て、やがて、応神《おうじん》朝（四世紀末～五世紀初）になると、百済《くだら》から阿直《あち》岐《き》・王仁《わに》などの知識人が来朝し、『論語《ろんご》』『千字文《せんじもん》』などの典籍類を伝えたと「記紀」にある。王仁・阿直岐の来朝後、史部《ふびとべ》が置かれ、履中《りちゅう》天皇四年（四二三カ）には諸国に国史が置かれる。五世紀後半には、高句麗が南下して百済の都城を落としたが（四七五年）、これに伴い、朝鮮半島南部から新しい技術者たちが渡来することになる（新漢人《いまきのあやひと》）。また、欽明《きんめい》天皇一三年（五五二）には、百済の聖明王から釈迦仏《しゃかぶつ》・幡蓋《ばんがい》・経論《きょうろん》等が贈られた（『日本書紀』による。『上宮聖徳法王帝説《じょうぐうしょうとくほうおうていせつ》』では戊午年〈五三八〉）。五世紀から六世紀のころは技術の革新期であると同時に、伝承の時代から記録・文献の時代への移行期であったようである。

しかし、七世紀中葉以前においては、史・外交文書・仏教・学問など、文字に関係ある文化の部門に活動したのは、大体、推古《すいこ》朝（五九三〜六二八）までは、ほとんど帰化人であり、倭人の文字使用は、大化の改新（六四五）後、天武朝（六七二〜六八六）からのこと、すなわち、七世紀中葉からであるとされる（馬淵和夫氏著『上代のことば』至文堂、一九六八年、五二頁）。孝徳《こうとく》天皇白雉《はくち》四年（六五三）の遣唐使には、推古一六年（六〇八）の遣隋使と異なり、倭人の学問僧・学生も参加している。すでに、帰化人に劣らない人材が育っていたことの表われであり、天武朝には、もはや倭人が一本立ちで文字を使うようになったと推測される（同書、五四頁）。律令体制を実質的に支える文書行政も、この七世紀中葉あたりから倭人の手に移り出したのであろう。

## 金石文の助数詞

墨書・刻書土器は二世紀以降のものが出土している。だが、これらには、今のところ、単位や助数詞はみられないようである。五世紀には、岐阜県関市砂行《すぎよう》遺跡（Ⅲ期砂行大溝）から付札様《つけふだよう》の木製品が出土しているが、詳細はわからない（岐阜県文化財保護センター編『砂行遺跡』第一分冊、二〇〇〇年一二月）。木簡であるとすれば、年代的には突出して古い。五世紀以降の文字資料としては、金石文《きんせきぶん》と称される造像銘《ぞうぞうめい》などの一群に注目される。第一等資料（史料）として、または、それに準ずる史料として重宝されるが、金石文でも文飾や追刻があるので、つねに批判的処置は必要である。

金石文における助数詞は、多くは見出せない。次の八世紀には多彩な用例がみえるから、この間のギャップには戸惑いも感じる。だが、これは、一方は特定の金石文であり、他方は律令体制下の多様な木簡・紙文書であるという文字資料の目的・内容・性格上の、また、形態上の差異に関わるところが大きいのであろう。次に、金石文にみえる助数詞をみよう。

### 隅田八幡宮鏡

金石文に限らず、出土した文字資料の価値を高める必須条件は、出土の経緯、出土地とその遺構が明確なことだとされる（和田萃氏「新発見の文字資料」〈岸俊男他編『日本の古代』第一四巻、中央公論社、一九八八年〉）。この鏡は、畿内辺りのいずれかの古墳から出土した副葬品かと推測されるだけで、詳細は未詳であるが、江戸後期には隅田八幡宮《すだはちまんぐう》に収められていたものらしい。銘文は、周縁部の銘帯《めいたい》に、左廻りに次の四八字が鋳出《いだ》されている。

癸未年八月日十大王年男弟王在意柴沙加宮時斯麻念長寿遣開中費直穢人今州利二人等取白上同(銅)二百旱(作)所此竟(鏡)

（隅田八幡宮人物画像鏡銘、和歌山県橋本市隅田町）

仿製鏡《ほうせいきょう》（中国鏡の模倣）でもあり、銘文の判読には困難をともない、解釈も揺れている

図４　隅田八幡宮人物画像鏡
（隅田八幡神宮所蔵）

が、「癸未の年八月、日十大王の年、男弟王、オシサカの宮に在《ま》しし時、シマ長寿を念《おも》ひ、開中の費直と穢人の今州利《こむつり》の二人等を遣はし、白上銅二百旱（貫）を取り、此の鏡を作れり」と訓読される（小林芳規氏著『図説 日本の漢字』大修館書店、一九九八年、二三頁）。

「癸未年《きびのとし》」は、諸説あるが、四四三年説、五〇三年説が有力のようである。通説では「開中」はカフチ（河内）の、「費直」はアタヒ（直）の訓字表記とされ、他方、「開中《ケチウ》」は百済の地名（川口勝康氏説）、「費直」は人名ホチキ（沖森卓也氏説）の字音表記とし、この銘文の固有名の表記はすべて音仮名、もしくは字音表記によるとする説もある。「穢人」は、アヤヒトと読み、朝鮮南部からの渡来氏族という（上田正昭氏著『帰化人』中公新書）。

　助数詞として「二人」と「二百旱」がみえる。時代からすれば、渡来人の手になる朝鮮半島経由の字音語であろう。ただし、前者「人《にん》」はともかく、後者「旱《かむ》」はやや問題である。これにつき、藪田嘉一郎氏は、「従来一部ではこれを貫という重さを現わす語と解したようだが見当ちがいである。旱は桿の省文と考えられる。桿は杆とも書くが、桿・杆は梃と同語である。梃は棒状のものを云い、又長さのあるものを数えるときに云う。それ故二百旱は二百梃《ちょう》のことである。梃を金属の場合は鋌と書くことがある。鋌の本義は鉱石のことだが、このときにはその義がない。銅製の銘板のことを錍（原字は碑）とかくようなものである」とされ（「隅田八幡神社蔵画象鏡銘考」『史迹と美術』第二五輯ノ二、一九五五年）、西田長男氏もこれを是とされた（『日本古典の史的研究』理想社、一九五六年、五六頁）。「旱」は「桿」（「杆」の俗字）の省文で、「杆」は「梃」と同語であれば、「白上銅二百旱」とは、製錬された銅塊二百本と解したい。金石文には省文も多い。ちなみに、『韻《いん》鏡《きょう》』によれば、「杆」と「貫」は、母音も韻尾も異なる。

なお、福山敏男氏は、「白上銅」を精良の銅と解した上で、さらに二案を示されている。「旱」の異体に「捍」「扞」がある。また「桿」は「杆」の俗字とされ（『正字通』）「杆」は「梃」つまり杖・棒・てこのことで、『魏書』巻五三李孝伯伝に劉駿が「酒二器・甘蔗百梃」を献じたとある例は朸《おうご》（天秤棒）を指すらしい。この銘文の「旱」は棒状の銅塊一本のことか、天秤棒一かつぎか、天秤（桿秤）一はかりか、どちらかであろう。普通ならば何斤何両と書くところだが、「旱」としたのは、当時まだ権衡の制度が整っていなかったためであろうか。銅二百早とあるから、一面ではなく、相当数の鏡が鋳造されたのであろう（同氏「金石文」〈上田正昭氏編『日本古代文化の探究 文字』社会思想社、一九七五年、三九頁〉）。

『日本書紀』によれば、仏教は、欽明《きんめい》天皇一三年（五五二）、「釈迦仏金銅像一軀・幡蓋若干経論若干巻」とともに百済から伝えられたという（仏教公伝）。だが、これより前、少なくとも六世紀前半には、帰化人たちを中心に仏教は日本に根付きつつあったらしい。

**甲寅年造金銅釈迦像光背銘**

甲寅年三月廿六日、弟子王延孫、奉二為現在父母一、敬造二金銅釈迦像一軀一、願父母乗二此功徳一現身安隠（ママ）、生生世世不レ経二三塗一、遠離二八難一、速生二浄土一見レ仏聞レ法

（甲寅年造金銅釈迦像光背銘、東京国立博物館蔵・法隆寺献納）

金銅《こんどう》釈迦像の光背《こうはい》の銘《めい》で、仏弟子王延孫が父母のために金銅釈迦像一軀を造り、この功《く》徳《どく》により、父母が現世《げんせ》には安穏で、来世には極楽浄土《ごくらくじょうど》に生れてほしいと祈る。この仏像は朝鮮製作説もあり、「王延孫」は未詳。「甲寅年」につき、五九四年（推古天皇二）と六五四年（白雉五）との二説がある。銘文には、「金銅釈迦像一軀」とある。

仏像を対象とする助数詞「軀《く》」については、中国の南北朝時代から唐代・宋代、また、六～九世紀の朝鮮半島に多くの用例がある。朝鮮半島の用例一例をあげておく。

□(景)四年在二辛卯一、比丘道□、共二諸善知識那婁賤奴阿王阿据五人一、共造二无量寿像一軀一、願亡師父母、生生心中、常値二諸仏善知識等一、値二-遇弥勒一所レ願如レ是、願共生二一処一、見レ仏聞レ法

（辛卯〈平原王一三年〉銘銅造三尊仏、金東鉉蔵）

「辛卯」は、高句麗の平原王一三年（五七一）とされる。助数詞「軀」「人」がみえる。助数詞「軀」は、朝鮮半島経由の助数詞らしい。渡来した読み方は「く」であろう。『日本書紀』古訓では「はしら」と付訓するが、これはあえて和語で読んだものである。

**法隆寺金堂**
**四天王像銘**

山口大口費上而次木閇二人作也（法隆寺金堂四天王像銘・広目天光背）

薬師徳保上而鉄師手古二人作也（同・多聞天光背）

六五〇年前後の、鋳造《ちゅうぞう》に関わった者の銘文とみられ、助数詞「人《にん》」がみえる。

類例に、東京国立博物館蔵観音菩薩立像の台座框《かまち》にも「辛亥年(白雉二年〈六五一〉)七月十日記、笠評君、名左古臣、辛丑日崩去辰時、故児在布奈／太利古臣、又伯在□(建)古臣、二人乞願」（辛亥の年七月十日記す。笠《かさ》の評《こおり》の君、名は左古《さこ》臣、辛丑の日に崩去《かむさ》りし辰時《とき》、故《かれ》児《こ》在《なる》布奈太利古臣、又伯在《おじなる》□(建)古臣、二人乞《こ》い願う）とみえる。

六、七世紀の金石文、また、木牌、および、木簡等にみえる助数詞については先にも触れた（拙著『木簡と正倉院文書における助数詞の研究』二〇〇四年、風間書房、第三章）。金石

文は、今日に残る点数が少なく、それにともない、助数詞の用例も多くは得られない。しかし、八世紀初めの木簡や正倉院文書には、さまざまな助数詞が、それぞれ安定した用法のもとで使用されている。従って、遅くとも七世紀後半には、すでに一応の助数詞の使用方法が確立していたと推測され、現に、そうした様相は、後にみるとおりである。

ところで、以上に関し、太刀銘にも「百練・百錬」、鏡銘に「百湅」とみえる例がある。

### 百練・百錬の太刀

1　中平□(祥)年　五月丙午　造作支刀　百練清剛　上応星宿　□(下)辟不
□　（東大寺山《とうだいじやま》古墳出土太刀銘、奈良県天理市櫟本町《いちのもとちょう》）

鉄刀の背の金象嵌《きんぞうがん》の銘にこのようにある。東大寺山古墳は、四世紀後半ころの前方後円墳、「中平」は後漢霊帝《れいてい》治世の年号で西暦一八四～一八九年をいう。「百練清剛」は、よく鍛錬した清い（穢《けが》れのない）鋼《はがね》の刀といった意味らしい。製作直後に後漢から倭国に与えられたものか、あるいは、被葬者以前に、各地の王族の手を経たものか、はっきりしない。

2　（表）泰和四年□(四?)月十六日丙午正陽造百錬□(鋼?)七支刀□辟百兵宜供供侯王□□□□作
（裏）先世以来未有此刀百濨(済)王世子奇生聖音故為倭王旨造伷(伝)示□世
（七支刀銘《しちしとうめい》、奈良県天理市石上神宮《いそのかみじんぐう》）

「泰和」とは、中国の東晋《とうしん》の年号「太和《たいわ》」で、その四年とは、西暦三六九年、すでに東晋の影響下にあった百済が倭王に与えたものとされる。刻文が正確に判読できず、解釈も一定しない（神保公子氏「七支刀研究の歩み」『日本歴史』三〇一号、一九七三年）。

3 （表）辛亥年七月中記乎獲居臣上祖名意富比垝其児多加利足尼其児名弖已加利獲居
其児名多加披次獲居其児名多沙鬼獲居其児名半弖比
（裏）其児名加差披余其児名乎獲居臣世々為杖刀人首奉事来至今獲加多支鹵大王寺
在斯鬼宮時吾左治天下令作此百練利刀記吾奉事根原也
（稲荷山《いなりやま》古墳出土鉄剣銘、埼玉県行田《ぎょうだ》市）

「辛亥年」は、西暦四七一年で、本文は「（表）辛亥の年七月中、記す。ヲワケの臣。上つ祖、名はオホヒコ。其《そ》の児《こ》、タカリの足尼《すくね》。其の児、名はテヨカリワケ。其の児、名はタカヒ《(ハ)》シワケ。其の児、名はタサキワケ。其の児、名はハテヒ。（裏）其の児、名はカサヒ《(ハ)》ヨ。其の児、名はヲワケの臣。世々、杖刀人の首と為り、奉事し来り今に至る。ワカタケル《(キ)(ロ)》の大王の寺、シキの宮に在《ま》す時、吾《われ》、天下を左治し、此の百練の利刀を作ら令め、吾が奉事の根原を記す「也」」と訓読される（小林氏、前掲書、二一頁）。ヲワケはワカタケル（雄略天皇）に杖刀人の首として仕えた武官。人名・地名は一字一音の借音仮名《しやくおんがな》による。「意《オ》」「富《ホ》」「已《ヨ》」のような仮名は、五世紀以前に朝鮮半島で用いられていた、中国漢代以前の発音をとどめる古音《こおん》と認められ、また、ワカタケルのケ甲類に「支」（キ甲類）を当てたところから、この銘文は、朝鮮半島からの渡来人が綴ったものといわれている。

4　台（治）天下獲□□□（加多支）鹵大王世奉□（事）典曹人名无□（利）弖八月中用大鉄釜并四尺廷刀八十練□（九）十振三寸上好□（刊カ）刀服此刀者長□（寿）子孫洋々得□（王?）恩也不失其所統作刀者名伊太□（和）書者張安也

（江《え》田《た》船山《ふなやま》古墳出土太刀銘、熊本県玉名郡菊水町）

本文は「天の下治《し》らしめししワカタケル大王の世、典曹に奉事せし人、名はムリテ、八月中、大鉄釜を用ゐ、四尺の廷刀を并《あ》はす。八十たび練《ね》り、九十たび振《う》つ。三寸上好の刊刀ぞ。此の刀を服《け》る者《ひと》は、長寿にして子孫洋々として□（王）恩を得《う》［也］。其の統《す》ぶる所を失はず。刀を作る者、名はイタワ、書する者は張安ぞ［也］」と訓読される（小林芳規氏著、同右、二二頁）。これも五世紀後半ころの鉄剣で、制作者の伊太和も銘文を書いた張安も、ともに大和在住の渡来人らしい。ただし、「九十振」は「六十捃」のようにもみえる。また、「六十搓《もみ》」と解されることもある（前田富祺氏「古代の文体」『講座国語史6　文体史・言語生活史』大修館書店、一九七二年、四八頁）。なお、可能性を探ってみたい。

この他、『塵袋』巻八、「行幸ノ時キ大刀契ハ何ニ物ソ」の条に、次のようにみえる。

5　大刀ノ中ニ霊剣二アリ、（中略）又護身ノ剣ノ銘アリ、カノ銘ニ云ク、

歳在二庚申一正月、百済所レ造三七練刀、南斗、北斗、左青龍、右白虎、前朱雀、後玄武、避深不祥、百福会就、年齢延長、万歳無極、

以上は、後漢、また、四世紀の百済で製作された太刀に「百練」「百錬」とみえ、あるいは、朝鮮半島からの渡来人が綴った五世紀後半の太刀銘に「百練」「八十練□（九）十振」とみえる。『塵袋』の例は、年代は未詳であるが、百済の造れる「三七練刀」とある。

**明鏡百湅**

1　赤烏元年五月廿五日丙午□□□□（造作明鏡）百湅□□□□（青剛服者）君侯□□□□（宜子孫寿）万年

（赤烏元年〈二三八〉画文帯神獣鏡、山梨県鳥居原《とりいばら》狐塚《きつねづか》古墳）

2　□烏七年□（五）月廿□（五）日丙午時加日中」造作明竟百湅幽湅服者富貴長楽未央」子孫□□（富昌）□□□□（陽）□□□（後闕）

（赤烏七年〈二四四〉画文帯神獣鏡、兵庫県安倉《あくら》古墳）

右は、呉で製作された画文帯神獣鏡の銘文に「百湅」とみえる（斎藤忠氏著『古代朝鮮・日本金石文資料集成』吉川弘文館、一九八三年、一一・一三頁）。

さて、以上には、太刀・鏡に「練」「錬」「湅」字がみえている。これら三字は、ねるの意味をもつ字で、鉄や銅などの金属を冶《う》ち練《ねや》すことをいう。「百練《ひやくれん》（錬）」は、中国古代にみえる強調的表現法の一つで、はやく、漢代に「百煉（錬）鋼」が生み出されて武器に用いられたという（楊泓氏著・監訳網干善教氏・翻訳来村多加史氏『中国兵器論叢』関西大学出版部、一九八五年、一七七頁）。また、『古今注』上・輿服は、呉の大帝（在位二二二～二五二）の宝刀について、「呉大皇帝有㆑宝刀三、宝剣六、一曰㆑白虹、二曰㆑紫電、三曰㆑辟邪、四曰㆑流星、五曰㆑青冥、六曰㆑百里。刀一曰㆑百錬、二曰㆑青犢、三曰㆑漏景」（『増訂漢魏叢書四』大化書局、三〇三六頁）と記し、『晋書《しんじょ》』の赫連勃勃《かくれんぼつぼつ》（在位四〇五～四二五）の伝に、「又造㆓百錬剛刀㆒、為㆓竜雀大環㆒、号曰㆓大夏竜雀㆒、銘㆓其背㆒曰……」（一三〇巻、載記三〇）とみえる。

朝鮮半島では、あるいは、渡来人は、「百練（錬）」という中国古代の表現（東晋の流れか）をそのまま踏襲したようである。しかし、江田船山古墳出土太刀銘では、そうした漢語の外形を借用しながら日本的な表現世界を「八十練」と表記している（山口佳紀氏著『古代日本文体史論考』有精堂、一九九三年、一二三頁、沖森卓也氏著『日本古代の表記と文体』吉川弘文館、二〇〇〇年、一一頁）。『万葉集』『日本書紀』『祝詞《のりと》』などにおいては、次のような語に「八十《やそ》」を冠した表現が広くみえている。

－日日《かび》　－国《くに》　－隈坂《くまさか》に　－島《しま》（嶋）　－建《たける》有り　－稲《つか》　－綱《つな》　－伴男《とものお》　－葉《は》

－魂《みたま》の神《かみ》　－万《よろず》　－の心《こころ》　－の島廻《しまみ》を漕《こ》ぎ来れど　－の街《ちまた》　－の湊《みなと》に

「九（六）十振（捃・搓）」は、「八十練」を介して出てきた文節の一つであろうか。

「百練（錬）」も「八十練・九十振」も、動作を表わす語である。中国語には、そうした動作・運動の回数を数える動量詞《どうりょうし》という量詞《りょうし》（助数詞）の一群がある。これら太刀や鏡の「練（錬）」「振」も、そうした流れを汲む助数詞といえよう。

なお、鉄刀の折り返し鍛錬は、回数が多ければよいわけではなく、現在の刀匠の場合、下鍛《したぎた》え・上鍛《あげ》え各六～八回がふつう（適度の回数）である。これは玉鋼《たまはがね》を用いた現代鍛錬法であり、基本的には、叩けば叩くほど有害不純物は除去される（安来・和鋼博物館館長八十致雄氏談）。

## 七世紀の木簡

六一八年唐帝国が興《おこ》るに前後して、日本は、律令制度による中央集権国家を目指すこととなった。六二三年（推古三一）、新羅の朝貢使に従って帰国した旧遣隋使の僧恵斉・恵光・医《くすし》恵日・福因等は、唐国にいる留学生は立派な人材となっているから召し帰して活用すべきこと、また、彼の大唐国は法式《のり》の備わり定まった優れた国だから、万事学ぶべきことを奏聞《そうもん》している（『日本書紀』巻二二）。六三〇年（舒明《じょめい》二）第一次遣唐使が派遣され、大化の改新（六四五）をはさんで、六五三年（白雉《はくち》四）第二次遣唐使、翌年第三次遣唐使、以後、六五九年（斉明《さいめい》五）、六六五年（天智《てんじ》四）、六六九年（同八）、七〇二年（大宝二）、七一七年（養老元）等々と遣唐使の派遣が打ち続く。七世紀半ばの日本は、貪欲なまでに唐都の現行制度を吸収しようとしている。

大化の改新は、従来の皇室・諸豪族の私的支配権を廃し、中国の律令制度にならった公地公民の原則に基づく中央集権的・官僚制的支配体制の樹立を目標とする。翌大化二年一月の「詔《みことのり》」（『日本書紀』巻二五）は、書紀編纂時の現行法（大宝令）をもって修飾されたものらしいが、その原詔は、大化年間に発布された諸詔によって窺うことができるとされ、これは、天智朝の「近江令」、天武朝の「浄御原（律）令」を経て、七〇一年（大宝元）『大宝律令《たいほうりつりょう》』の制定（翌年実施）において一応の体系的整備を終えることになる。

大化の改新の成否は、統一的租税制度の樹立・地方財務の確保にかかっており、そのためにも官僚機構の創出・確立は重要な眼目であった。財務や文書行政にたけた能吏も必要とされたであろうが、登用する人材には事欠かない時代であった。

さて、少なくとも七世紀中葉における文書作成の素材として、木簡は十分に機能していた。次の木簡は、難波長柄豊埼宮《なにわのながらのとよさきのみや》跡から出土した、年月日を具えた経済文書らしい。年号の記された木簡としては、現在最古とされる。「戊申年」とは大化四年である。

・『□』(異筆1)『稲稲』(同2)　戊申年□□□
　　　　　　　　　　　□□□□□〔連カ〕

・『□』(同3)　支□乃□
　佐□□十六□　』

（難波宮跡出土木簡、(202)・(27)・3 081）

このころの木簡には、かなり整備された形で助数詞が用いられている。若干の例を引く。

1　・白髪部五十戸|
　・䀨十口|
（飛鳥京跡第五一次調査、土坑状遺構SX七五〇一）

2　・師啓奉布一机|

・今借賜啓奉□□　（飛鳥池遺跡出土木簡、南北溝SD〇五）

3　・難波銀十

・八秤|　（同、南北溝SD〇五）

4　□□八男瓦百五枚|　（同、土坑SK一〇）

5　二月廿九日詔小刀二口|　針二口|《□半／□斤》（《　》内は天地逆に書く）

（飛鳥寺一九九一-一次調査〈5BAS-W区〉、炭層・粗炭層）

6　波尓五十戸税三百□□

古志五十戸税三百十四束|　佐井五十戸税三□

（徳島市・観音寺遺跡出土木簡）

1は、孝徳天皇の大化五年（六四九）二月から天智《てんじ》三年（六六四）までの木簡とされる。「戸《こ》」は助数詞であるが、「五十戸」は「さと」と読まれる。大化の改新の詔（六四六）に、「凡て五十戸を里と為す」（五〇戸一里）とある。「⿰目皮」の意味・訓は、弓射の際の「鞆《とも》」に同じ（尾崎知光氏説）。「口《く》」は、器物類、また、戸口・食口等を対象とする助数詞である。

2～5・6は、天武《てんむ》朝（六七二～六八六）ころの木簡である。2・3の「机《き》」「秤《しょう》」は、器物名・道具名から転じた助数詞であろう。3は、難波から送った銀の付札。塩や鉄に「秤」を用いた例もある。4の「枚《まい》」は、男瓦《おがわら》（半円筒形の長い瓦）を数える。5は「小刀」「針」に「口」を用いる。八世紀前の用法であろう。6の「束《そく》」は、もと助数詞であったものを税稲の単位（狭義）としたものである。この単位化の時期は大化の改新を遡るであろう。

木簡は、当時の生の言語資料だが、このような産業・生活等に関わる語彙をとどめるのも長所である。七世紀以前における状況を解明するためにも、今後の出土が期待される。

### 八世紀の助数詞

藤原宮出土木簡につき、大宝《たいほう》初年（七〇一）を画期として「公式令《くしきりょう》」の文書形式の影響が顕著にみられるとされ（岸俊男氏）、また、「藤原宮出土木簡の記載形式は大宝・養老令にみえる律令的文書形式よりも古いあり方を伝えている場合が多い」が、平城遷都（七一〇年）を契機に「律令的な文書形式の整備が急速に進行した」とされる（『藤原宮木簡一』「総説」）。文書木簡の世界は、和銅《わどう》年間（七〇八〜七一四年）あたりから新しい時代を迎えだしたようである。平城宮出土木簡や地方官衙《かんが》跡からは、その「公式令」を踏まえた養老《ようろう》年間（七一七〜七二四）の木簡なども出土している。

「公式令」とは、「大宝令」一一巻のうち、公文書《こうぶんしょ》の様式、および作成・施行上の諸規定、駅鈴《やくりょう》・伝符《でんぷ》、および駅の運用、その他、いわゆる公事《くじ》に関する規定を収めた巻である。

『大宝律令』は、今日に伝存しない。だが、それを改修したとされる『養老律令《ようりようりつりょう》』（七一八年〈養老二〉撰定、七五七年〈天平宝字元〉施行）によれば、施行するすべての公文書は、本文・物件の数量・年月日・位置・駅鈴や伝符の剋数《こくすう》などを記入し、その一々に印《いん》を捺《お》しなさいとある（公式令41）。また、都に送る調庸《じょうよう》などの税物については、品目・数量を帳簿に記載しなさい（民部《みんぶ》省に提出）、諸官司に進納するものについては納品書を添え、受領証を受け取りなさいとある（倉庫令10）。納税等の地名についても、和銅六年（七一三）好字二字による確定が計られている。公文書は厳正に作成され、品目と単位を添えた数量とは、特に正確に記載しなければならなかったと知られる。

**養 老 令**

養老令には多くの助数詞がみえている。一端をあげよう。

1　凡《そ》兵士《は》、毎レ火《か》、紺《こんの》布《の》幕一口、着レ裏《うら》。銅盆《ほとぎ》、小釜《かなえ》、随レ《いて》得《えんに》二口。鍬一具、剉碓《くさきり》一具、斧一具、小斧一具、鑿《のみ》一具、鎌二張、鉗《かなはし》一具。毎二五十人一、火《ひ》鑽《うち》一具、熟艾《やいぐさ》一斤、手鋸《のこぎり》一具。毎レ人弓一張、弓弦袋《ゆんづるぶくろ》一口、副弦《そえづる》二条、征箭《そや》五十隻、胡籙《やなぐい》一具、太刀《たち》一口、刀子《かたな》一枚、礪《と》石一枚、藺帽《いがさ》一枚、飯袋《いいぶくろ》一口、水甬《みずおけ》一口、塩甬《しおおけ》一口、脛巾《はばき》一具、鞋《からわらぐつ》一両。皆令二自備一。不レ可二闕少一。（下略）　（軍防令7）

兵士には、一〇人（火）ごとに、五〇人ごとに、また、各人ごとに、自費でこれらの什具《じゅうぐ》を備えさせよ、闕少があってはならないとある。定期点検があり、報告書や記録が作成されるが、その際にも、これらの什具名と単位とは踏襲されたはずである。

日本令は、唐令の影響を強く受けている。ここは、たまたま正確に比較できる唐令が残

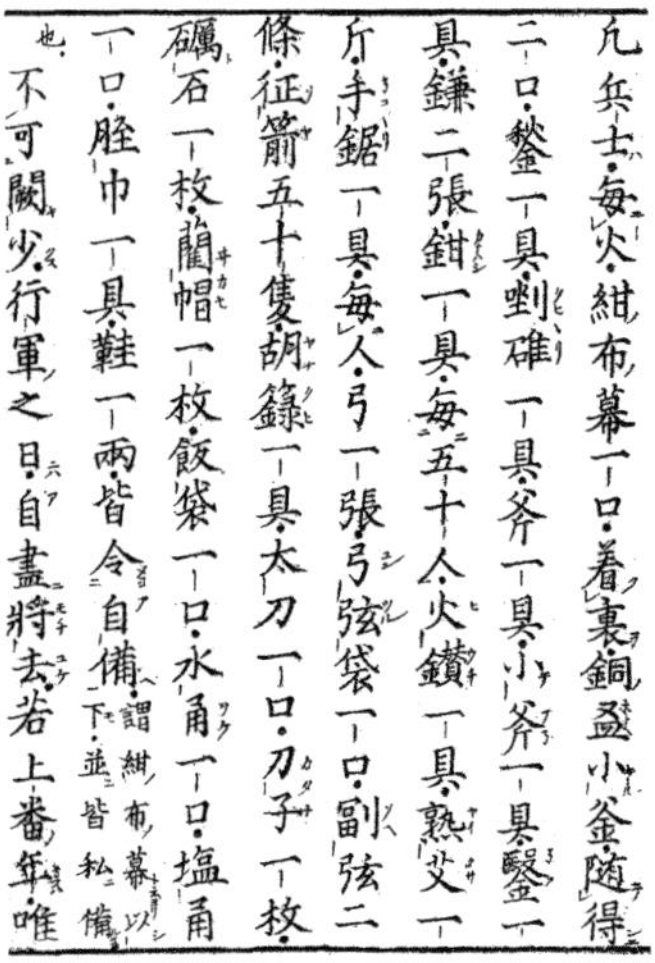
凡兵士毎火紺布幕一口著裏銅盆小釜随得二口钁一具剉碓一具斧一具小斧一具鑿一具鎌二張鉗一具毎五十人火鑽一具熟艾一斤手鋸一具毎人弓一張弓弦袋一口副弦二條征箭五十隻胡籙一具太刀一口刀子一枚礪石一枚藺帽一枚飯袋一口水甬一口塩甬一口脛巾一具鞋一兩皆令自備謂紺布幕以下並皆私備也不可闕少行軍之日自盡将去若上番年唯

図5　『令義解』巻5　軍防令7

っていないが、この軍防令も同様かと推測される。

　2　凡《そ》課《おおせんことは》二桑漆《くわうるし》一、上戸《じょうのへに》桑三百根、漆百根以上。中戸《のに》桑二百根、漆七十根以上。下戸《のに》桑一百根、漆卅根以上。五年種畢《にうえおえよ》。……（下略）　（田令16）

「大宝令」にも存在したとされる条である。「北魏令」に「桑五十樹、棗五株、楡三根、……」、「北斉河清三年令」に「桑五十根、楡三根、棗五根、……」、「唐令（開元二五年令）」に「桑五十根以上、楡棗各十根以上、……」などとみえる。日本令は、北斉令や唐令と近い関係にあることが窺われる。しかし、日本令は、国情に即して改めるところも少なくなかったようである。また、助数詞についても、唐令と逐一照合してみると、その直接的な影響下にはなかったと知れる。すでに「大宝令（養老令）」撰定の前、やはり七世紀の半ば、あるいは、後半には、助数詞用法のおおよそは定まっていたのであろう。

## 木　簡

八世紀の木簡としては、長屋王家木簡（七一〇年代）・二条大路木簡（七三〇年代）などが知られ、地方の遺跡から出土した木簡も多い。その数字には、原則的に単位類が添えられ、その助数詞の種類は約百二十余種を数える。若干の例をあげよう。

1・若翁犬一頭一升受小白
　・九月十二日石角
　　　　　　　　　　　　　　　　　　（『平城京木簡二』一八四五、SD四七五〇溝）

2・伊豆国賀茂郡築間郷山□(田カ)里戸主矢田部広田口矢田部荒勝調荒堅魚十一斤十両
　　　　　　　　　　　　　　　天平七年十月七連七丸
　・伊豆国賀
　　　　　　　　　（『平城宮発掘調査出土木簡概報（二十二）』東西溝SD五一〇〇）

3・進上政所、歩板捌枚・簀桁参村・東柱拾根・薦陸束
　　肘木弐村・斗弐村・箕形板弐枚　／右載□角万呂車一両
　　　　　（『長岡京左京出土木簡一』一五八〇、溝SD一一八〇六、句読点等私意）

1は、長屋王家木簡で、「若翁《わかんどおり》」は長屋王家の子どもの意（東野治之氏・寺崎保広氏）、そのペットの犬には米一升が支給される。人並みの量である。「小白」はその世話係の少年で、米の受取人、「石角」は支給担当係。王家木簡では、犬に「頭《ず》」「口《く》」の二種の助数詞が用いられているが、こうしたゆれは、私的な王邸内の木簡だからであろう。

2は、二条大路東西溝出土の、調《つき》の荒堅魚《あらかつお》に付されていた貢進物荷札木簡である。賦役《ふやく》令《りょう》では、正丁《しょうちょう》一人の輸貢量を定めて「堅魚《かつお》卅五斤」とある。これは小称で、大称に換算

すると「十一斤十両」となる。この重量分を荷造り・梱包すると「七連《れん》七丸《がん》」という形態となる。カツオ一〇丸を一連としたのであろう。「連」「丸」は助数詞である。

3は、長岡京時代（七八四～七九四年）の木簡で、裏面にも八、九字ほどの墨痕《ぼっこん》があるが、省いた。某官衙の政所に進上する車一両分の部材の送り状とされる。部材とは、腰輿《ようよ》、あるいは、腰車のそれかという。「枚《まい》」「村《すん》」「根《こん》」は部材の、「束《そく》」は薦《こも》の、「両《りょう》」は荷車の助数詞である。正倉院文書でも、建材や部材・金具などには助数詞を添える。

### 正倉院文書

正倉院文書にも、度量衡《どりょうこう》の単位とともに夥《おびただ》しい助数詞が用いられており、その種類は約百七十種を数える。若干の例をあげよう。

1　正倉弐伯捌拾肆間｜　破柒間｜　遺弐伯柒拾柒間｜　新造倉玖間｜格倉五間
屋壱拾弐間｜　新造屋壱間｜　倉下参間｜　借倉壱拾壱間｜　借屋参拾間｜
合参伯肆拾参間｜不動穀倉卅一間　穀倉八十八間　倉下二間　屋八間　穎倉八十五間　倉下一間　屋卅四間　糒倉廿間　空倉六十三間　屋一間
（越前国正税帳、天平三年二月二十六日、正集二七、『大日本古文書』一巻、四二九頁）

2　竹帙卌枚｜　／筆八十二箇｜　／墨卅七廷｜
（造物所作物帳、天平六年五月一日、続修三二、同右、五五三頁）

3　謹解　申所盗物事
合壱拾参種｜

麻朝服一領｜　葛布半臂一領｜　帛褌一要｜　麻糸抜一箇｜
帛被一蓋｜　紵帳一張｜　調布帳一張｜　被莒一合｜
緑裳一要｜　青裳一要｜　斜一面｜　枝継所管作、口左方均、右方於往疵、枝継所於中嚢可挟入穴、　赤漆真弓一枝｜小々削黒
柒端　幌二具｜
右等物、六条二坊安拝常麻呂之家、以去八月
廿八日夜所盗、注状以解、
　　　天平七年閏十一月五日
　　　　中宮職舎人少初位上中臣酒人宿祢久治良
　　　　左大舎人寮少属大初位下安拝朝臣常麻呂

職符　東市司
件所盗物、父(又カ)以去八月廿八日申送如前、
　　　大進大津連船人
　　　少属衣縫連人君
(安拝常麻呂解、天平七年閏一一月五日、正集四、同右、六三四頁)

1は、天平時代初期の正税帳《しょうぜいちょう》の一部である。「正倉《しょうそう》」は租税や出挙《すいこ》の利稲《りとう》などを納める総柱の高床《たかゆか》構造の建物、「屋《や》」は高床でない側柱《がわばしら》の建物、ともに助数詞「間《けん》」が用いら

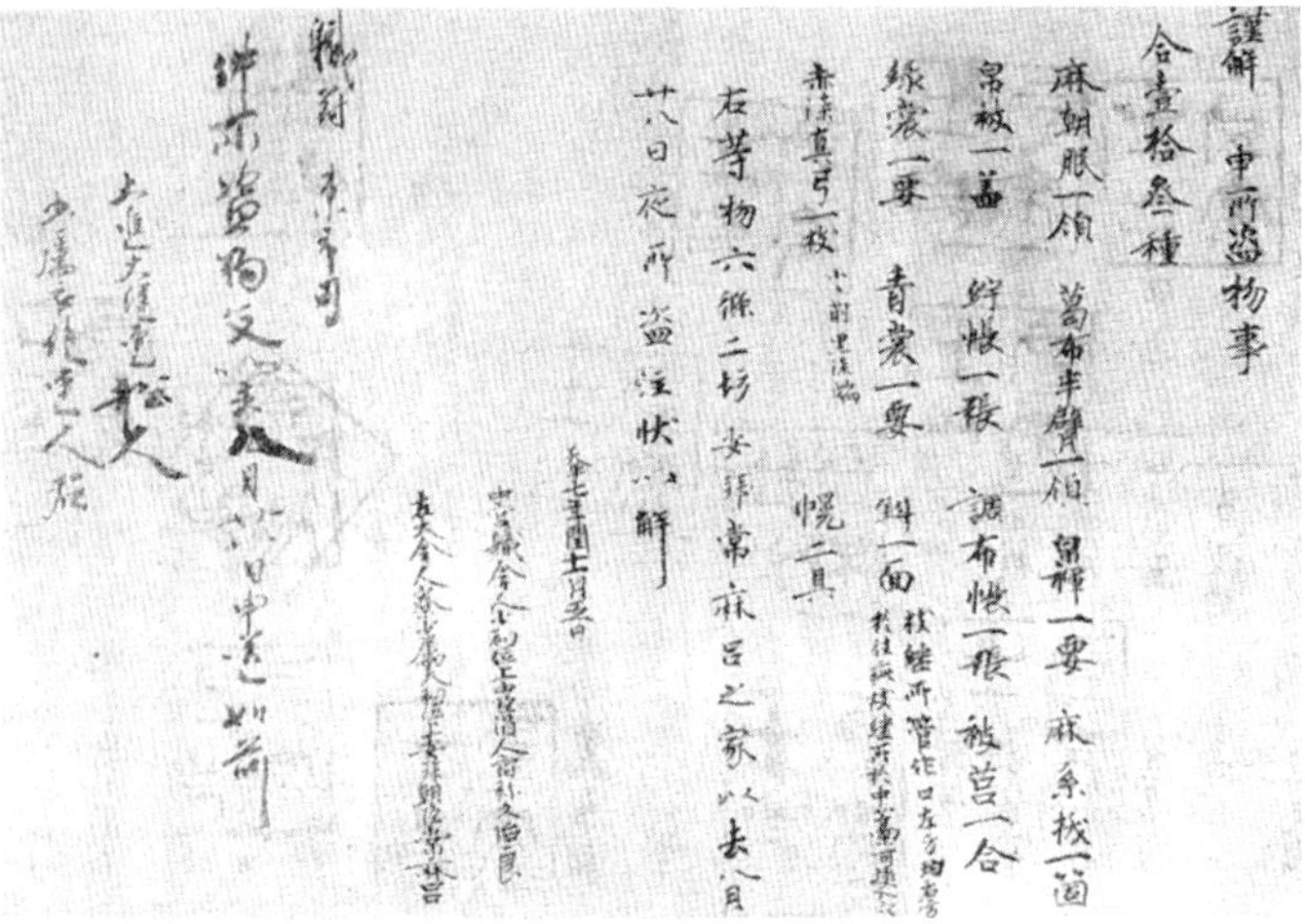

図6　安拝常麻呂解（正倉院所蔵）

れる。後の『延喜式《えんぎしき》』では、正倉には「宇《う》」を用いよと規定されている。「法隆寺伽藍縁起《がらんえんぎ》幷流記資財帳《ならびにるきしざいちょう》」「大安寺伽藍縁起幷流記資財帳」などには、より古い「口《く》」がみえる。

2は、興福寺西金堂の工事に関する決算報告書とされる。筆の助数詞には「箇《か》」と「管《かん》」があったが、前者は、朝鮮半島経由の古い助数詞、後者は、唐から直輸入された新しい当代的な助数詞であった。

3は、左大舎人寮《さおおとねり》の下級官吏安拝常麻呂《あへのつねまろ》の盗難被害届けで、これは中宮職《ちゅうぐうしき》から左《さ》京職《きょうしき》へ提出され、同職は符《ふ》をもって東市司に探索を命じている。「要」は「腰」字の省文《せいぶん》（字画を省いた漢字）である。

## 半島様式から唐代様式へ

七世紀以前においては、やはり、大陸文化は朝鮮半島を経由して伝えられることが多かった。その最《さい》たるものが仏像・経典《きょうてん》・荘厳具《しょうごんぐ》などの仏教文化であるが、これに限らず、建築や鋳造《ちゅうぞう》技術、書画・工芸、服飾や食品、また、漢字の読誦《どくじゅ》音や文字の書体、その他の有形・無形のさまざまな文化がこのルートでもたらされた。

しかし、七世紀半ばの大化の改新（六四五）において、律令制中央集権国家の樹立と官僚制的支配体制の確立が目標とされ、これに前後して唐代文化の直接的導入が図られるようになる。公文書ということになれば、唐代のそれに即応した様式が必要とされる。文書行政も、それまでの半島様式から唐代様式へ切り替えられていったようである。

その一端は、助数詞の用法にも現われている。例えば、筆・履物・船・建物を対象とする助数詞は、それまでの「箇《か》」「足《そく》」「艘《そう》」「口《く》」などから「管《かん》」「両《りょう》」「隻《せき》」「間《けん(かん)》」などへと改められていったらしい。前者は、古典的な、しかし、根拠も定かでなくなった助数詞であり、後者は、唐の都に現に行われている助数詞である。現行とは、すなわち、典拠であり、規範である。八世紀という時代は、前者から後者への交代期でもあった。

こうした漢語助数詞は、その伝来の当初においてはこれを読まず、あるいは、「つ」で代用するといったようなことがあったかもしれない。しかし、七、八世紀には、漢数詞と同様、原則的には漢字音によって運用されたと推測される。漢語の数体系は、一つの規則（一〇進法）を循環させることによって大きな数を正確に数え、複雑な計算を行うことができる（松本氏、前掲）。これは、文字だけの問題でなく、漢字音の問題、すなわち、読み方の問題でもある。漢数詞を導入すると同時にその読み方を学んだように、度量衡や助数詞（量詞）も字音によって習得できたのではなかろうか。そもそも、中国の文書行政自体が、こうした数量表現を基盤として成立しているのである。

もっとも、朝鮮半島経由の場合は、中国原音がそのまま伝えられたとは限らない。あるいは、その経由の過程で多少の変容を生ずることもあったかもしれない。その後の、唐の都から直輸入した字音でも日本的な変容は多々認められる。朝鮮半島の人々にとっても日本人にとっても、漢語（中国語）は、異国の言葉ではあったのである。

# 日本固有の助数詞

## 和語の助数詞

和語が漢語に対置されるように、和語の助数詞も、外来の漢語助数詞に対置されることがある。しかし、和語の助数詞は漢語のそれからさまざまな影響を受けており、はたして対置という言葉を使ってよいかどうか、いつから対置されるのかといった問題はある。

## 固有の助数詞はあったか

過去から現代にいたる和語の助数詞には様々なものがあり、それぞれ歴史を背負っている。一見、事情は同じようでも、時代や資料により、また、使用場面や使用者によって大小の問題もあるようである。その一つとして、実は、日本語には、固有の助数詞があったか、なかったかという問題がある。和語の助数詞といっても、外来文化の影響を受け、その文字（漢字）を介して生れたものもある。それとは別に、日本語にもとから具《そな》わっていたものを「固有の助数詞」といい、この存否が問われるのである。

これは、実際の用例次第で容易に決着しそうな問題である。しかし、ことは、それほど簡単ではない。というのは、それが解明できるほどの確かで十分な用例が得られないからである。先にも触れたように、七世紀以前の文字資料は非常に少ない。それが、八世紀に入ると、遺存量は急に多くなる。だが、八世紀は、すでに外来の文字文化が溢《あふ》れている時代であり、日本固有の助数詞が、どこにどのように存在していたのか、はっきりしないのである。

日本語には、本来、助数詞があったと考える立場によれば、次のようである。すなわち、「そこで明かな例といふと又非常に少いのである」と前置きしながら、

神を数へる場合の「柱」は古事記に極めて多く出てくる。「前」も少しある。人を数へる尊称の「所」は正倉院の仮名文書中にあり、普通の「り」（又はたり）は一々云ふまでもなからう。植物を数へるのには「本《モト》」（紀　かみらひともと・万葉集　五本柳）もあるが「つ」（万葉集　二つ立つ櫟）も用ゐられる。動物は大抵「つ」（紀　鴛鴦二つ・万葉集　千鳥・蛙《カハヅ》と二つ・仏足石歌　四つのへみ）であるが紀には「馬の耶都擬」（諸説あり）といふのがある。衣や畳には「へ」がついてゐる。

（池上禎造氏「助数詞攷《こう》」、『国語・国文』一〇‐三、一九四〇年三月、一九頁）

と助数詞を示されている。人を数える「り・たり」、日を数える「か」、衣服を数える「へ」などの一群は、「一・二・三……」という漢語数詞とまったく熟合しない、よって、これらは「つ」「ち」などとも近い性質をもつ、「固有語的性格の極めて強いもの」とされている（池上氏、前掲書、一六頁）。

同様の立場で、「やはり国語にも本来助数詞があつたと考へられる」とする論考もある。すなわち、中国語の場合、数詞は、本来、助数詞を必要とするものではない、しかし、日本語の場合、数詞は、

> 助数詞をとつて始めて自立語たり得たのであつて、助数詞をとらぬ裸のままでは、意味の上でこそ立派に数概念を表はして自立語的であるけれども、単語としてひとりだちの出来ない、言はば半人前の語であつた。
>
> （渡辺実氏「日華両語の数詞の機能—助動詞と単位名—」、『国語・国文』二一‐一、一九五二年一月、一〇七頁）

と説き、従って、本来的に助数詞は存在したとする。

神を対象とする「柱《はしら》」「前《まえ》」、人を対象とする「所《ところ》」は、敬意表現法に関与する助数詞である。朝鮮半島における状況についても検討してみなければならないが、こうした表現

法が日本特有のものであるとしても、これらの助数詞そのものは、名詞の「はしら」「まへ」「ところ」から転成したものであろう。「もと（本）」や日数の「か（日）」も同様でなかろうか。それが、かなり早くから長い時間を経て独立性を弱め、やがて助数詞用法を生じるに至ったらしい。「へ（重）」は、和語の数詞について指摘されているように、高句麗《こうくり》語出自の可能性があるが（新村氏、前掲論文、二〇頁、村山氏、前掲論文、六頁）、やはり、助数詞化した時期が問われよう。「り」、または「たり」は、人を対象とする助数詞とされる。だが、文献の残り始めた時代には分析に足る十分な用例がなく、この語の意味・用法については、まだ解明されていないようである。「つ」も助数詞とされる。しかし、その対象は様々であって定まったものがない。つまり、助数詞が助数詞として機能するような条件は備えていない。これが「助数詞」として処遇されるなら、他には、より適切な名称が用意されねばならない。

こうして、問題のありそうな「り・たり」「つ」を保留してみると、残るところはいよいよわずかである。となれば、この程度の語数で、はたして「固有の助数詞」は存在したといえようか。あるいは、それらは、転成前の名詞の一用法として整理することはできないのであろうか。また、もし、実際の用例が乏しく、もしくは、確認できないとすれば、右の、和語数詞の性格上、本来、助数詞が必要であったとする考え方も、理論的な可能性にとどまるものということになろう。

固有の助数詞とはいわないが、「なぜ日本語には助数詞が存在するのか、その理由を考察し」た論文もある。これは、日本の古代語に一音節語が多いことをもって、「日本語の古い形としては、単音節語とは言い切れないまでにしても、単音節語に近い状況であったと考えることができると思うのである。よって、日本語には、類別詞が発達する下地は備わっていた」という（田中敦子氏「国語助数詞試論」、『国文目白』二六、一九八七年二月）。

別にも触れるように、単音節語の多い中国語では「量詞《りょうし》」（助数詞の類）がよく発達している。単音節語であれば、同音異義語が多くなるから、どうしても声調《せいちょう》（高低昇降のアクセント）や量詞（一坐山・一件衫）などが発達することになる。右は、日本の古代語はそうした単音節語に似ており、これに和語数詞の性質が相まって日本語の助数詞ができているというのである。ここでは、数を数える助数詞を類別詞《るいべつし》、かさ（量）をはかる助数詞を数量詞という。しかし、この論文にいう助数詞（類別詞）が、具体的にどのようなものを指しているのか、必ずしもはっきりしない。少なくとも、固有の助数詞・外来の漢字文化の影響を受けて生れた助数詞・その後の助数詞、あるいは、音声言語としての助数詞・文字言語としての助数詞といった具体的な助数詞を吟味しながら論じていく必要があろう。「日本語の古い形」についての具体相もはっきりさせる必要がある。

日本語には、固有の助数詞があったのか、なかったのか、この点については、さらに用例を発掘・吟味し、徴証《ちょうしょう》を探索していくしかない。だが、現今、右のような状況では、固有の助数詞はなかったのではないかと考える。単音節語の多い中国語でも、当初から量詞が発達していたわけではない。中国語の量詞の歴史については、王力著『漢語史稿』（科学出版社、一九五八年）・劉世儒氏著『魏晋南北朝量詞研究』（中華書局、一九六五年）・洪芸芳著『敦煌吐魯番《トルファン》文書中之量詞研究』（文津出版社、二〇〇〇年）などが参照される。和語数詞と助数詞との密接な関わり合いは、その後、外来文化との接触によって具わってきた性質ではなかろうか。あるいは、一歩譲れば、それまで潜在的であった性質が、それによって、次第に顕在化してきたということであろうか。

次に木簡《もっかん》・正倉院《しょうそういん》文書、『古事記』『万葉集』『日本書紀』から若干の用例をあげる。

## 木簡に見える例

1　・十月廿日竺志前贄駅□□（寸分カ）留多比二 鯖四列|　生鮑六十具 都備五十具
　　・須志毛十古|割軍布一古|　（大宰府史跡第二六次調査、B地点）

2　謹申丈部良君 秦 郎君　二柱|御前今日馬草欲給　（二条大路木簡、東西溝SD五一〇〇）

3　天平□十月七日和泉監蘁甕一腹|　（同右、東西溝SD五一〇〇）

1は、八世紀初頭（あるいは、「大宝令」直前か）の、大宰府に進上された物品の伝票である。「列」は和語「つら」を表記したものであろうか。「古《こ》」は、海産物・果物などを搬送するための籠《こ》から転じた助数詞である。音仮名で「古」とも訓字で「籠」とも表記するが、飛鳥京跡木簡（七世紀後半）あたりから「籠」が正用とされたのであろう。「具」は、「貝」字のつもりかもしれない。「貝」は、アワビ類・螺（さざえカ）を対象とする助数詞である（但し、この読み方は字音語「はい」か）。2の「柱《はしら》」は、敬う対象（神・菩薩《ぼさつ》・父母・上位者など）に用いる助数詞で、正倉院文書にも「此二柱僧岡（綱）」（造石山院所労劇帳、天平宝字六年八月二七日、五巻、二七四頁）、その他の例があり、『皇太神宮儀式帳』にも「天照シ坐ス□（太）神・月読ノ太神二柱《フタハシラ》□」（旧本、三オ）とみえる。3の「腹《はら》」は、酒・酢・未醤・薑漬《しょうがつけ》などの入った容器（甕《もたい》・瓺《みか》など）を対象とする助数詞である。

次に正倉院文書の用例をあげる。巻・頁は『大日本古文書』（一〜二五巻）のそれである。

**正倉院文書**

1　一供養料古菹一叩戸（中略）未醤茄子蘘荷糟茄一比良加
（自宮来雑物継文、七五〇年〈天平勝宝二〉七月二九日、一一巻、三五二頁）

2　東市庄解　申買進上索餅事
合壱仟弐伯懸太　直壱伯捌拾柒文一文充七（六）懸
（東市庄解、七五八年〈天平宝字二〉七月一七日、四巻、二七六頁）

3　菹三佐良気
（写経料食物注文、同年一一月一〇日類収、一四巻、二四六頁）

4　塩一坏（供養分料雑物進上文、七六〇年三月九日、一四巻、三二六頁）

5　十六文買滑海藻二嶋直大一斤三両
（売料綿弁用度銭下帳、七六二年一二月二〇日類収、一六巻、八七頁）

6　八十文松一駄直十二村　（造石山院銭用文案、同年閏一二月六日、一六巻、一三六頁）

7　干栗一籠卅文　（上山寺悔過所（？）銭用帳、七六四年三月二日、一六巻、四七八頁）

8　干麦卅八手百五十文　（上山寺悔過所（？）銭用帳、同年三月二日、一六巻、四八一頁）

1の「叩戸《たたいへ》」は、やや大形の広口の須恵器《すえき》で漬け物用の容器であるが、それを称量法（助数詞）に用いたもの。「菹《にらき》」は、カブラナやアオイ、白貝などを塩・楡皮《にれかわ》粉を用いて漬け込んだもの。「比良加《ひらか》」は、酒を貯え、蔬菜《そさい》類を漬け込むための須恵器で、「缶」「瓺」と表記されることが多い。2の「索餅《むぎなわ》」には助数詞「懸《かけ》」を用いる。8の「干麦《ほしむぎ》」もムギナワをいうが、ここでは「手《て》」を用いている。3の「佐良気《さらき》」は、漬け物（菹・漬瓜）を貯蔵する浅い甕（もたい、かめの類）で、「甅」と表記することもある。4の「坏《つき》」は、盤《さら》より深めの皿形の容器で、食品や酒を盛る。ここは、塩坏。5の「滑海藻」はアラメ。「嶋《しま》」は、その一山といった単位らしい。6の「駄」は、あるいは、「むまに」の表記かもしれない。「松拾弐村一馬荷」（奉写二部大般若経料雑物収納帳、同年閏一二月二日、一六巻、一二三頁）、「八十文松一駄荷員十村」（奉写二部大般若経銭用帳、同年一二月二一日、一六巻、九五頁）ともみえる。7の「籠《こ》」は、先の「古《こ》」に同じ。「比良加」「佐良気」「坏」「籠」なども日常的な器物による称量法である。

**『古事記』『万葉集』**

『古事記』における音仮名による例、また、訓字による例として、

［もと（本）］　比登母登須々岐《ひともとすすき》（上）　賀美良比登母登《かみらひともと》（中、神武）

［か（日）・よ（夜）］　用迩波許々能用《よにはここのよ》　比迩波登袁加袁《ひにはとをかを》（中、景行、九夜《ここのよ》・十日《とをか》）

［はしら（柱）］　二柱《ふたはしら》の神《かみ》、立《たたし》二訓レ立云多多志一天浮橋《あめのうきはしに》一而《て》（上）

［つか（拳）］　十拳剱《とつかつるぎ》（上）　八拳鬚《やつかひげ》　至《いたるまでに》二于心前《こころさきに》一（中、垂仁）

［しほ（塩）］　醸《かみ》二八塩折之酒《やしほをりのさけを》一（上）　八塩折之紐小刀《やしほをりのひもかたな》（中、垂仁）

［わ（勾）］　唯遺麻者三勾耳《ただのこれるをはみわのみなり》（中、崇神）　因《より》二其麻之三勾《そのをのみわの》遺《のこれるに》一而《て》（中、崇神）

［ふり（口）］　令《つくらしめ》レ作二横刀《たち》壱仟口《ちふり》一（中、垂仁）

［かげ（縵）・ほこ（矛）］　以《もちて》二縵八縵《かげやかげ》・矛八矛《ほこやほこ》一（中、垂仁）

［か（日）］　至《いたるまでに》レ于二五日《いつかに》一猶不《なほず》二参出《まゐで》一（中、景行）

［へ（重）］　軍囲《いくさかくみ》二三重《みへに》一（中、景行）　菅畳八重《すがたたみやへ》　皮畳八重《かはたたみやへ》　絁畳八重《きぬたたみやへ》（中、景行）

［まき（巻）］　即ち論語十巻《とまき》・千字文一巻《ひとまき》、并《あは》せて十一巻《とをあまりひとまき》（中、応神）

［つら（貫）］　珠《たま》二貫《ふたつら》（中、応神）

［ふね（艘）］　貢進《たてまつる》御調《みつき》八十一艘《やそあまりひとふね》（下、允恭）

などがある。訓字の読みは、今、『日本思想大系』（岩波書店）による。「前《まへ》」「代《よ》」「歳《とせ》」「年《とせ》」「度《たび》」「処《ところ》」「人《り》」「色《くさ》」「段《きだ》」などもみえるが、省いた。「塩《しほ》」は「入《しほ》」の借訓とみられ、『日本書紀』にも「醸《かみ》八醞酒《やしほをりのさけ》」（神代上）とみえる。「縵《かげ》八《や》縵《かげ》・矛《ほこ》八《や》矛《ほこ》」は、日本版のエコータイプである。後述の「つ」に関しては次がある。

［つ（箇）］　湯《ゆ》津《つ》々《つ》間《ま》櫛《くし》之《の》男《を》柱《ばしら》一箇《ひとつ》（上）　桃子《もものみ》三箇《みつ》（上）

［つ（疋）］　以《もちて》牡馬《をま》壱疋《ひとつ》・牝馬《めま》壱疋《ひとつ》（中、応神）

『万葉集』には、仮名書きによる和語助数詞として、

［くさ（種）］　春《はる》の初《はじ》めは　夜《や》知《ち》久《く》佐《さ》尓《に》　花咲《はなさ》きにほひ（二〇-四三六〇、八千種《やちくさ》に）

［とせ（年）］　比《ひ》奈《な》尓《に》伊《い》都《つ》等《と》世《せ》　住《す》まひつつ（五-八八〇、五年《いつとせ》）

［ひ（日）］　比《ひ》登《と》比《ひ》母《も》妹《いも》を　忘《わす》れて思《おも》へや（一五-三六〇四、一日《ひとひ》も）

［へ（重）］　奈《な》々《な》弁《へ》加《か》流《る》　衣《ころも》にませる（二〇-四四三一、七重《ななへ》着《か》る）

［もと（本）］　比登母等能《ひともとの》　なでしこ植《う》ゑし（一八-四〇七〇、一本《ひともと》の）

吾《わ》が門《かづ》の　以都母等夜奈枳《いつもとやなぎ》　いつもいつも（二〇-四三八六、五本柳《いつもとやなぎ》）

訓字による助数詞として、「種《くさ》」「遍《たび》」「度《たび》」「年《とせ》」「日《ひ》」「重《へ》」「夜《よ》」、その他がある。右の、「八塩乃衣《やしほのころも》」（一一-二六二三）・「八塩尓染而《やしほにそめて》」（一九-四一五六）もみえる。次の「車《くるま》」「坏《つき》」「群《むら》」「条《を》」「塩《しほ》」も助数詞の訓字表記とみられる例である。

恋草《こひぐさ》を　力車《ちからぐるま》に　七車《ななくるま》　積《つ》みて恋《こ》ふらく　我が心から（四-六九四）

一坏乃《ひとつきの》　濁《にご》れる酒《さけ》を　飲《の》むべくあるらし（三-三三八）

一坏乃《ひとつきの》　濁《にご》れる酒《さけ》に　あにまさめやも（三-三四五）

我《わ》がやどの　一群芽子乎《ひとむらはぎを》　思《おも》ふ児《こ》に（八-一五六五）

我《わ》がうなげる　珠乃七条《たまのななつを》（一六-三八七五）

助数詞の「車《くるま》」「坏《つき》」は、正倉院文書にも類例がある。「七条」は、「ななつを」の他に、「ななを」と読んで「たくさん」の意と解する説もある（津之地直一氏など）。数字が実数でなく、「多くの」の意味であっても助数詞と認めることはできる。八世紀出土の木簡や正倉院文書にも助数詞「条」はみえるが、和歌と異なり、散文の場合は、訓読みしたとは限らない。

以上のように、八世紀には、すでに和語助数詞が盛んに用いられていることがわかる。だが、これらは固有の助数詞ではなく、やはり、名詞から転成したものであろう。まずは、日常的、現実的生活の場における器物（叩戸《たたいへ》・碟《さらけ》・坏《つき》・籠《こ》・辛櫃《からびつ》）や家具、また、それらの形態（腹・球《ふさ》・嶋・柱）にちなむ名詞、身体や行為・動作などにちなむ動詞があり、これらを介して接尾語的な助数詞用法が生れていったと考えられる。

このような転成が積極的に行われるようになったのは、漢語助数詞の影響とみられる。固有の助数詞があったにしてもなかったにしても、やはり、漢語助数詞を習得し、その意義・用法に慣れ親しんだ結果、これが下地となり、多くの和語系助数詞が生れることになったのであろう。この場合、一応、①漢語助数詞を字音語のままに自家薬籠中《じかやくろうちゅう》のものとする段階、②漢語助数詞を訓読しながら和語助数詞を生み出す段階、③多様な漢語助数詞・和語助数詞の存在を契機として、新しい助数詞を生み出す段階、の三段階をみておかなければならない。

①については「中国からきた助数詞」の章にみたとおりである。②につき、改めて例示すれば、次のようである。

（略）陀羅尼乃御法。卌巻乎。（略）四万尓。八千巻添弖。誓願。奉レ読利。（略）

（八四九年〈嘉祥二〉三月二六日、『新訂増補国史大系　続日本後紀』）

興福寺大法師等が仁明《にんみょう》天皇宝算四〇を奉賀する長歌の一部である。音律からして「やちまきそへて」のように読まれたようだが、やはり、書物を数える漢語助数詞「巻」の訓読を介したものとされる（池上禎造氏、前掲論文、二〇頁）。

『後拾遺集《ごしゅういしゅう》』序文に、「又とをあまりいつゝが《（十五番）》ひのうたをあはせてよにつたへたり」、『千載集《せんざいしゅう》』序に、「勒してちうたふたもゝちあまり《（千二百余首）》はたまき《（二十巻）》とせり」とみえる「番《つがい》」「巻《まき》」なども同様であろうが、これらは、むしろ擬古《ぎこ》的な表現とみられている（築島裕氏「日本語の数詞の変遷」『言語生活』一九六五年七月号）。

後にあげる『日本書紀』古訓には、本文の「数詞＋助数詞」の二字を一訓で「－つ」と読む場合（例「良馬一匹《ヒトツ》」）と、助数詞の文字を和読する場合との二様がある。その後者とは、「三人《ミタリ》」「二人《フタハシラ》」「蜜蜂房四枚《ヒラ》」「同船三艘《フナ》」「仏像一具《ヒトソナヘ》」「葛城宅七区《ナヽトコロ》」の類であるが、このような和読の努力の結果、生み出された和語助数詞は少なくないであろう。ただし、『書紀』古訓の場合、その和訓は、いまだ名詞的性格が濃厚で、接尾語というより複合語後項とみるべきものが多い（阪倉篤義著『語構成の研究』角川書店、一九六六年、三四一頁）。実際、これらの全てが和語助数詞となって日本語に定着したようでもないから、『書紀』古訓の右は、その和訓のあり方そのものに大小の無理があったのであろう。

日本語には日本の国情に即した表現が必要である。漢語の助数詞だけでは、どうしても不都合であり、あるいは、まかない切れないところがあるとすれば、やはり、新しく助数詞を作り出すしかない。それが②であり③であるが、この流れを誘導したのは、実は、助数詞「つ」の存在ではなかったかと考えられる。

## 「つ」という助数詞

「つ」という助数詞は、今日、日常的によく用いられている。書き言葉より、平易な会話の世界ではとくに多用される。文書様式上の制約のない場合、正確な助数詞表現を必要としない場合、適切な助数詞を知らない場合、あるいは、やさしい表現を用いる場合など、「つ」の使用は非常に多い。さかのぼれば、江戸時代の文学作品でも、さらには、平安時代末の説話集『今昔物語集《こんじゃくものがたりしゅう》』などでも同様である。

古代における仮名書き例としては次がある。「つ」は、生物と無生物とを問わない。

［ひとつ］「一柱騰宮。此云二阿斯毘苔徒鞅餓離能瀰椰《あしひとつあがりのみや》一」（『日本書紀』神武即位前、甲寅年一〇月、訓注）

［ふたつ］「鴛鴦《をし》賦柂都《ふたつ》居て」（同、孝徳、大化五年）、「布多都《ふたつ》の石を」（『万葉集』五―八一三）、「沼布多都《ふたつ》」（同、一一―三五二六）

［みつ］「美都栗《みつぐり》の　中つ枝《え》の」（『古事記』応神、歌謡）

［よつ］「与《よ》都《つ》乃閉美　五《いつ》つの鬼《もの》の」（『仏足石歌碑』四つの蛇《へみ》）

「与都等伊不可蘇礼」（『歌経標式』四つといふかそれ）

［やつ］「旅衣《たびころも》　夜豆《やつ》着重《きかさ》ねて寝ぬれども」（『万葉集』二〇-四三五一）

『万葉集』には訓字「一《ひとつ》」「二《ふたつ》」等による表記があり、また、数詞に漢語助数詞「頭」「箇」等を添えた表記などがある。後者の場合、助数詞相当の文字そのものは読まない。

……韓国《からくに》の　虎《とら》といふ神《かみ》を　生け取りに　八頭《やつ》取り持ち来《き》　その皮を　畳に刺《さ》し　八重《やえ》　畳《たたみ》

……この片山に　二立《ふたつたつ》　櫟《いちひ》が本《もと》に　梓弓《あづさゆみ》　八多婆佐弥《やつたばさみ》　ひめ鏑《かぶら》　八多婆左弥《やつたばさみ》　鹿《しし》待つと……

我《あ》が身　一尓《ひとつに》　七重花佐久《ななへはなさく》　八重花生跡《やえはなさくと》……（一六-三八八五）

右は、「乞食者詠《ほがひのうた》二首」の内の一首である。「多婆佐（左）弥」は手挟《たばさ》み、「花生跡」は花咲くと、の意。「二」「八」「一」は、それぞれ「ふたつ」「やつ」「ひとつ」の表記で、文書のような散文であれば、「二根」（櫟）、「八張」（梓弓）、「八隻」（ひめ鏑）、「一人」とでも表記されよう。一方に、「八頭」と表記するが、これは、その「八」字が虎の頭数であって、その皮の枚数（助数詞は「張」）ではないことを示すためのものである。「八重畳」

「七重花…」は、和語助数詞「へ」（既出）を表記したものであり、今の助数詞「つ」とは別問題である。この歌の筆録者は、助数詞（漢語助数詞）というものの使い方をよく知っている人物らしい。日常の手慣れた文書業務の一端が顔を覗かせたかのようである。

こもりくの　泊瀬《はつせ》の川の　上《かみ》つ瀬《せ》に　鵜矢八頭漬《うをやつかづけ》　下《しも》つ瀬《せ》に　鵜矢八頭漬《うをやつかづけ》　上つ瀬の鮎《あゆ》を食はしめ……くくりつつ……（一三-三三三〇）

先に、掛け算九九の条に「八十一里喚鶏《くくりつつ》」とみえた歌である。「漬《かづけ》」は、潜らせる意。

年のはに　鮎《あゆ》し走らば　辟田川《さきたがは》鸕八頭可頭気氏《うやつかづけて》　川瀬《かはせ》尋ねむ（一九-四一五八）

大伴家持《おおとものやかもち》の歌である。鵜を「頭」で数える。鳥の助数詞には「隻」「翼」「羽」「枚」などの他、漢代から唐代にかけ、「頭」も用いられた。だが、このような和歌の場合、「頭」は視標として働くにとどまり、そのおおよその機能は「つ」に置き換えられる。

しなざかる　越尓五箇年《こしにいつとせ》　住み住みて　立ち別れまく　惜しき夕《よひ》かも（一九-四二五〇）

やはり、家持の歌である。彼は、助詞を限定して「詠二霍公鳥《ほととぎす》一首」を詠んでおり、このとき「毛能波《ものは》三箇辞闕之《ことをかく》」「毛能波氏尓乎《ものはてにを》六箇辞闕之」（一九-四一七五・四一七六）と注記している。唐代には「箇」という助数詞がよく用いられた。家持にも、その影響があるのであろう。巻一六の竹取翁《たけとりのおきな》歌の詞書の中には「怱値二煮レ羹之九箇女子一也」とみえる。『遊仙窟《ゆうせんくつ》』（唐、張文成撰）という特定の作品が影響した可能性もあるが、これも、そうした唐代語の影響とみる方が穏当であろう。こうした地の文においては音読が可能である。『万葉集』の数詞・数字表記などについては、津之地直一氏「万葉集に於ける数詞・助数詞及び漢数字の用字法」(『美夫君志』六・八号、一九六四・六五年)、竹尾利夫氏「万葉集の数字表記」(『中央大学国文学』三七号、一九九四年)などの考察もある。

『古事記』にも「一箇《ひとつ》」「三箇《みつ》」「壱疋《ひとつ》」と読まれる例のあることは先に触れた。

**『日本書紀』**

『日本書紀』は正式な漢文による歴史書とされる。しかし、中国原撰の書籍と異なり、助数詞がよく用いられている。この点、本書は日本的でもある。平安時代(中期以降)の写本によれば、助数詞の読み方は、和読されており、かつ、これには次の二様がある。

○「数詞＋助数詞」を「ひとつ」「ふたつ」と読み、助数詞相当の文字は読まない。
「一介《ヒトツ》」「一匹《ヒトツ》」「七《ナ、》十《ソチアマリ》五《イツ、》疋」「八疋《ヤソ》」「八口《ヤツ》」「廿廷《ハタチ》」「四枚《ツ》」「両箇《フタツ》」「三《ミツ》艘」「一隻《ヒトツ》」「二隻《フタツ》」「二面《フタツ》」「三領《ミツ》」「一頭《ヒトツ》」「廿頭《ハタチ》」など

○助数詞相当の文字も和読する。用例の一端をあげる。
「兄弟《アニヲト》、二人《フタハシラ》」(神代紀、図書寮本)、「仏の像一具《ヒトソナヘ》」(推古紀、岩崎本)
「葛城宅七区《カツラキイナ、トコロ》」(雄略紀、前田本)、「羆《シクマ》皮七十《ナ、ソ》枚《ヒラ》」(斉明紀、北野本)

前者は、「ひとつ」「ふたつ」と読む形式であり、訓点の重なり具合からすると、後者よ

り古い読み方、すなわち、古態をとどめるものとみられる。後者については先に述べた。『万葉集』のような韻文には、固有の日本語が色濃く伝えられているようである。『日本書紀』古訓には、ことさら漢字を和読するという性格が指摘されている（築島裕氏著『平安時代の漢文訓読語につきての研究』東京大学出版会、一九六五年、一四〇頁）。それが本来の日本語であるのか、あるいは、その復元を志向しただけのものかという点には注意しなければならないが、これらにより、固有の日本語の面影くらいは窺えそうである。とすれば、「つ」という助数詞、また、これによる表現方法は、固有の日本語、もしくは、それに限りなく近いものと考えてよかろう。和語数詞の「ひと」から「ここの」、および、「いく（幾）」に付くばかりで漢語数詞には付かないという点も、これを支持する。

こうした「つ」は、元来は「の」の意の助詞であったとされる（津之地氏、前掲論文）。だが、万葉時代には、すでにその用法や機能は固定的、限定的であったらしく、詳しいことがわからない。「ち」と変化する事情もはっきりしない。

「ち」とは、「はたち（二〇）」「みほち（三百）」「みちち（三千）」のように、一〇の倍数に当るときに「ち」という形をとることをいう。ただし、その形が連体修飾語となるとき、および、他の体言を後項として複合語を形成するときには「つ」となる（『時代別国語大辞典　上代編』三省堂、八四六頁）。例えば、『万葉集』には、「いほち-つ」に関して、「鮑玉《あはびたま》伊保知毛我母《いほちもがも》」（一八-四一〇一）とみえ、「白玉《しらたま》の 伊保都追度比乎《いほつつどひを》」（一八-四一〇五）、「五《いほ》百集乎《つつどひを》」（一〇-二〇二二）、「五百都々奈波布《いほつつなはふ》」（一九-四二七四）、「伊保都登里多氏《いほつとりたて》」（一七-四〇一一）とみえる。

「つ」は、幅広いもの・ことを対象として用いられ、そのいずれかとの間に緊密な、または、限定的な関係を有するということがない。それゆえ、これは「純粋に抽象的な数概念を表す助数詞である」とされる（田中氏、前掲論文）。ただ、多少の慣用度によって左右されるところはあるようである。これに対し、他の助数詞は、対象の性質・形状・様態などを表わすために使用される。この点は、二者間の大きな違いである。「つ」と他の助数詞とを同列に置くことは難しい。

「つ」の使命については、やはり、和語数詞との関わりにおいて考えたい。つまり、固有の和語数詞は「言はば半人前の語」であり、これを「単語としてひとりだち」（渡辺氏、前掲論文）させるための専用の接尾語が、他ならぬ「つ」であったということであろう。数詞は、言葉として実現する以前の可能態といってよく、これは、「つ」をともなって初めて現実態となる。

「助数詞」という言い方が「数詞を助ける」という意味なら、これは、まさしく「つ」にふさわしい名前かもしれない。しかし、もし、そういうことになれば、他の助数詞には、その機能に似合ったより適切な名前が用意されねばならない。

以上に、八世紀までの漢語助数詞と和語助数詞について検討してきた。日本において、中国出自の漢語助数詞は、外来の文字言語の一端であり、律令《りつりょう》体制を実質的に支える文書行政の枢要部に位置するものであった。

## 日本における助数詞の繁栄

五〜七世紀までは帰化人たちの手にあったかもしれないが、それを、日本人自身が習得し、活用し出したのは、やはり七世紀半ば、大化の改新のころからであろう。助数詞には、後の時代においても、文書語的性格・文字言語的性格が色濃く認められる。その原点はこうしたところにあったのであろう。

和語助数詞は、基本的には漢語助数詞の影響、刺激のもとで生れてきたかと推測される。しかし、固有の日本語（大和言葉《やまとことば》）の流れを受けたものではあり、どちらかといえば、音声言語の側に位置するもののようである。つまり、和語助数詞のみられる和歌・歌謡などは、文字文化導入前からの固有語によって営まれる韻文の世界である。『日本書紀』古訓は、また、性格的に、そういう日本固有の精神文化を継承しようとする。文書類（木簡・正倉院文書など）にも和語助数詞はみえてはいるが、そのような場合は、日常的な器物類や身辺の行為・動作などに出るものが多いのであろう。

「つ」は、便宜的に和語助数詞に含められることが多い。だが、そうした一般的な和語助数詞とは本源的に異なり、和語の数詞と助け合うために生まれ、存在していたものらしい。ところが、この「和語数詞＋つ」という表現形式（構造）があったお陰で、その後の助数詞――漢語助数詞・和語助数詞――の増産が可能となった。というより、そもそも、本来は他国語であり、また、借用語であった量詞（助数詞）が、なぜ、この異質な日本語のなかで繁栄することになったのか。それは、この「つ」が、いわば呼び水のように作用したからであろう。そのようなレールが、すでに敷設されていたとすれば、その後の助数詞は、ただ便乗すればよかったわけである。のみならず、「つ」は、地味でおとなしい性格の言葉であり、対する一般的な助数詞は、より具体的な類別機能をもち、その意味では鮮明な表現力を有する。後者が「つ」に取って代わることは容易でもあった。

「つ」は、庇《ひさし》を貸して母屋《おもや》を取られたようでもあり、また、一隅《いちぐう》を譲って新しい血を導き入れたようでもある。しかし、今日においても、その生命力・活動力は決して衰えていない。いや、いつの時代でも、「つ」は盛んに用いられていたようにみえる。

助数詞は、平安時代以降になると、その種類も用法も、より日本的な様相を呈してくる。以下には、そうした日本的な様相についてみていこう。

# 数えることの歴史

# 作られる助数詞

七世紀後半、日本は唐の諸制度を範とし、その吸収を急務とした。中でも、律令《りつりょう》制の施行とこれに伴う文書行政の整備は、焦眉《しょうび》の課題であったと推測される。

## 文書の中の助数詞

文書行政のもとで作成され、発給されるのがいわゆる行政文書である。行政文書には、その目的・機能によって一定の様式（書式）が定められている。必要なことを書き、不要なことは書かないためである。『大宝律令』制下のそれは、現存する「養老公式令《ようろうくしきりょう》」によって知られる。度量衡《どりょうこう》、文字などに関わる規定もある。目下のところ、助数詞に関する規定は残っていないようだが、現存する「養老令」から窺うかぎり、『大宝律令』そのものにおける助数詞も、すでに確立した安定的な用法にある。

しかし、七世紀後半～八世紀初めころには、朝鮮半島経由の文書様式（行政文書）も残っており、助数詞用法にも旧態的なものが認められる。七世紀半ばの飛鳥池《あすかいけ》遺跡出土《しゅつど》木《もっ》簡《かん》や徳島市観音寺遺跡出土木簡、七〇〇年前後の大宰府《だざいふ》跡出土木簡などにも古いとみられる単位表現がある。旧態的な助数詞とは、朝鮮半島経由で伝えられたとおぼしい古典的な助数詞である。これらの内には、現在まで使用されている助数詞もあるが、公文書関係では、唐から直に伝えられた当代的な助数詞に切り替えられることもあったらしい。

### 和製の漢語助数詞

八、九世紀には、日本で作られたかと推測される助数詞、それも漢語系助数詞がある。

正倉院文書《しょうそういんもんじょ》によれば、当時、建物を対象とする助数詞には、「口《く》」「間《けん》」「宇《う》」などがある。この内、「口」は、七四七年（天平《てんぴょう》一九）の「法隆寺《ほうりゅうじ》伽藍《がらん》縁起《えんぎ》并《ならびに》流記《るき》資財帳《しざいちょう》」や「大安寺《だいあんじ》伽藍縁起并流記資財帳」、及び、翌年の「弘福寺《ぐふくじ》三綱牒《さんごうちょう》」に集中して用いられている。

「間」は、隠伎国正税帳《おきのくにしょうぜいちょう》・大倭国《やまとのくに》正税帳・越前国《えちぜんのくに》正税帳など、天平（七二九～七四八）ころの「正税帳《しょうぜいちょう》」に「正倉《しょうそう》」を対象として用いられている。以下、宝亀《ほうき》年間までの用例があるが、八世紀半ば以後は、「正倉」でなく「板屋」「倉」などを対象としてみえている。

これに対し、「宇」は新しい方で、七三八年（天平一〇）、七五五年（天平勝宝《しょうほう》七）から「屋」「倉」などを対象としてみえ始め、天平宝字年間（七五七～七六四）から多くなる。

□　□《（殿カ）》庇二宇」　殿戸□□　（『平城宮木簡六』SE一四六九〇井戸、一〇八五六）

屋一宇」　（秋田城跡出土木簡、『秋田城出土文字資料集Ⅱ』、二二三号）

前者は、削屑《けずりくず》二断片の接続によるもので、「宇」は「□《（殿カ）》庇」を対象とする。ただ、この助数詞が「—庇」を対象とした例は管見にしない。原簡を確かめたいところである。

「口」も「間」も、中国古代に類例がある。伝来のルートはともかく、これらの源流はそこにあるとみられる。しかし、「宇」については、未だその確認ができない。

『延喜式《えんぎしき》』では、「正税帳」の様式（書式）を示して「正倉若干宇」」と書けとある。平安時代以降になると、この「宇」が流布《るふ》し、古文書・古記録などから多くの用例が拾われる。

机の類を対象とする助数詞には「机《つくえ》」「案《あん》」「前《まえ》」「足《そく》」「脚《きゃく》」などがある。この内、「机」「前」「足」などは、中国古代に類例がみつからない。「案」については、「唐令《とうれい》（開元七年）」に「脩《ほじし》　一案」」（学令）とみえる。「脚」についても中国古代に類例がみえない。「脚」は、八世紀の木簡資料、また、正倉院文書には使用がないようである。だが、平安時代以降には多くの用例があり、これは今でも同様である。

八足案四脚」　檜槫八村　（『延喜式』神祇一）

／高座一脚／高机四脚／小机一脚

（某伝法灌頂道具借請状、一二一一年〈承元五〉正月一七日、『高山寺古文書』）

仏像を対象とする助数詞には「軀《く》」（「区」とも書く）と、「躰《たい》」「軆《たい》」「體《たい》」（体）の一類とがある。「軀」は、中国では、南北朝〜唐〜宋の時代に多くの類例があり、高句麗《こうくり》・新羅《しらぎ》などに関する用例も拾われる。日本では、東京国立博物館蔵法隆寺献納御物《ぎょぶつ》甲寅年《こういんのとし》（五九四年か六五四年か）造金銅《こんどう》釈迦像光背銘《こうはいめい》に「敬造金銅釈迦像一軀」とみえ、正倉院文書以下に、多くの類例がある。「軀」は、仏教伝来とともに、朝鮮半島経由で伝わった助数詞であろう。他方、「躰」以下の助数詞は、平安時代初期以降に登場する（ただし、飛鳥池遺跡木簡に問題例がある）。各種資料に多くの用例が拾われ、『延喜式』では「躰」ばかりである。しかし、中国古代におけるこの用例は、未だみつからない。

一　和尚以真金　自治鋳七躰尊容

（観心寺縁起実録帳、八三七年〈承和四〉三月三日、『平安遺文　古文書編』一、五七頁）

「躰」「軆」は「體」（正字）の俗字とするが、これは唐初以来の規範意識による。当時の中国（及び、朝鮮半島）に、量詞（助数詞）としての「宇」「脚」「躰」などが見あたらないといっても、調査努力や遺存資料の不足といったこともある。あるいは、その使用頻度は、それほどまでに低かったということかもしれない。この点、さらに調査していかなければならないが、一方に、これらは和製の助数詞ではないかという疑問もわいてくる。

「宇」は屋根、「脚」はあし、「躰」はからだの意味をもつ漢語である。このような名詞としての用法は伝えられていたのだから、それを和製の量詞、すなわち、助数詞として転用することは可能であろう（和製用法）。和製の和語助数詞も、すでに多数出回っている時代である。その字義を活かしながら助数詞としての転用が許られたのではなかろうか。

品詞の異なる語を助数詞に用いた例は、後の世にもある。だが、それが八世紀、あるいは、九世紀初めに行われていたとすれば、これは一つの驚きである。外来の漢語（字音語）というものを、かなり自由に、積極的に使用していた日本人の姿が垣間見えるからである。

ただし、ここには、それまでの「口」「間」や「前」「足」など、また、「軀」といった助数詞は、なぜ、排除されたのか、これらを用いることに何の不都合があったのかという問題がある。この間には、どのような理由があったのであろうか。「足」は、履物（木《ぼく》履《り》・屝《ぞうり》・袜《しとうず》・襪《しとうず》）を対象としても用いられてきた。だが、こちらの場合には「両」という助数詞を用いよという（八世紀、また、『延喜式』）。とすれば、いよいよ「足」の出番はなくなってしまう。このような交代劇の背後には、自然的推移ばかりではない、人為的な意図が働いたようである。結果的には、この意図は必ずしも成功しなかったようであるが、その選択の理由、あるいは基準はどのようなものであったろうか。

## 日常の助数詞

八世紀の宮城跡から出土する木簡や正倉院文書などには、助数詞の用法にゆれのみられることもある。屏風に「枚」「隻」、肱金《ひじがね》に「勾」「枚」「具」、箕《み》に「舌」「口」、墨縄《すみなわ》に「條」（条）「了」、柱に「根」「枚」、袴《はかま》に「腰」「口」、紙に「張」「枚」などを用い、同じ対象でも助数詞が一定しない場合である。また、助数詞の表記漢字として、規定の楷書《かいしょ》（真書《しんじょ》）によらず、省文《せいぶん》を用いた場合もある。省文とは、「表《ひょう》（俵）」「井《い》（囲）」「巴《わ》（把）」「寸《すん》（村）」「条《じょう》（條）」「要《よう》（腰）」「高《こう》（藁）」「果《か》（顆）」など、字画を省略した字体である。こうしたことからしても、当時、日常的な文書には何の不自由もなく助数詞を使用していたと推測されよう。

俵《たわら》　弐拾壱表之中〈白米一表／黒廿表〉

（供養料雑物進上啓カ、天平宝字六年三月六日類収、『大日本古文書』一五巻、三七六頁）

、蓼《たで》十巴

（後金剛般若経経師等食料下充帳、天平宝字二年九月一八日、同右、一四巻、八三頁）

〈鹿生宍《しかなましし》拾玖寸

（長岡京跡出土物品付札、八世紀末）

# 中　世――文書語としての助数詞

## 中世の傾向

平安時代においても、助数詞は、古文書と古記録の文章ジャンルに多用されている。古文書とは、差出者と受取者との間に交わされた上意下達《じょういかたつ》・上申のための書類や書簡類、及び、帳簿類であり、古記録とは、事件・事実等を書き記した日記や書類など（公家日記・『吾妻鏡《あずまかがみ》』など）である。ともに歴史研究のための史料とされ、古文書学の対象となっているが、もとより、それにとどまらず、種々の研究の基本的資料として活用されている。言語研究資料としては、この他に、著述や編纂物などがあるが、助数詞は、右のジャンルほどには使用されていない。一般の、いわゆる散文では数量そのものをテーマとすることが少なく、ために助数詞をともなう単位表現も多くはみられない。このような情況は、中世以降においても同様である。

助数詞の用法や読み方は、院政期ごろから編述された国語辞書、及び、日本語文典の類、また、中世後半期からの書札礼《しょさつれい》や故実書《こじつしょ》などによって知ることができる。

## **助数詞と辞書・文典類**

国語辞書とは、語彙《ごい》を類集した『色葉字類抄《いろはじるいしょう》』（院政期）・『伊呂波字類抄《いろはじるいしょう》』（鎌倉初期）、『下学集《かがくしゅう》』（著者未詳、一四四四年〈文安元〉成）、『節用集《せつようしゅう》』（編者未詳、一四六九～八七年〈文明年間〉以前成立）、『運歩色葉集《うんぽいろはしゅう》』（一五四七～四八年〈天文一六～一七〉ころ成）の類、および、その流れを汲むものである。

助数詞を音読み・訓読みに分けて掲げる辞書もある。

（前略）・一《（イチ）》駄《タ》馬負物数・一艘《ソウ》船数・一喉《コウ》魚数・一挺《チヤウ》蠟燭或鎗数也・日本俗鎗作鑓・一振《フリ》太刀数・一腰刀数也

・一疋馬或絹ノ数也・凡四丈之絹ヲ・曰ーート也・風俗通ニ曰馬夜行クニ目照ス前四丈・故呼馬亦謂ーー也・一両鎧ノ数也　（後略）

（『古本下学集《こほんかがくしゅう》』筑波大学蔵本、数量門、送り仮名・行取り等の一部を変えた）

一艘《ソウ》船　一疋《ヒキ》馬絹　（『伊京集《いきょうしゅう》』〈室町時代書写〉、イの部の数量〈門〉、前後略）

一口《クチ》釜ーー鞍ーー　一番鳥ーー　一懸《カケ》鯛ーー　（同、ヒの部の数量〈門〉、前後略）

一連《ヒトモト》鷹又許　一聯同一条禅閤《カウ》書之　一翎《ハネ》甲庭　一羽同太　一本　一幅《フク》布　一腰《コシ》　一力《チカラ》弓

一尋《ヒロ》布　一下《クタリ》袴　一流《ナカレ》旗　一番《ツカイ》鳥（後略）　（『元亀二年京大本運歩色葉集』ヒ部、朱筆略）

「一条禅閤《カウ》」「庭」「太」とは、二条良基《にじょうよしもと》、『庭訓往来《ていきんおうらい》』『太平記《たいへいき》』を意味する（出典）。

中世末にヨーロッパから日本にやってきたキリスト教宣教師たちにより、『日葡辞書《にっぽじしょ》』（イエズス会編、一六〇三年刊）や『日本大文典《にほんだいぶんてん》』（J・ロドリゲス著、一六〇四〜〇八年刊）、また、『日本文典《にほんぶんてん》』（D・コリャード著、一六三二年刊）などが刊行された。近世にも、オランダ商館長ドンケル＝クルチュウスによって『日本文典』（一八五七年刊、「日本語文典例証」ともいう）、ライデン大学のJ・J・ホフマンによって『日本語文典』（一八六八年刊）などが刊行されている。これらにも多くの助数詞とその用法が収録され、貴重な言語資料となっている。しかも、用例のほとんどはローマ字表記である。これは表音（音素）文字であるから、当時の実際の発音を復元するのに極めて有益である。若干の例をあげよう。

**Ichiua.** イチワ（一羽・一把）　鳥を数える言い方。また、薪や藁、からげた綿や絹などのように、一握りか、一抱えかの束に縛ってあるものを数える言い方。

**Issocu.** イッソク（一足）　単皮（*Tabis*）や日本および南蛮（*Namban*）の履物や上靴など、すべて足にはく物を数える言い方。また、足で鞠を蹴る回数を数える言い方。例、**Mariuo issocu qeru.**（鞠を一足蹴る）足で鞠を一回蹴る。

（イエズス会編『日葡辞書』邦訳・土井忠生、他、岩波書店刊）

Fitoaxi（一足）。歩む（Ayumu）。Fitocaqe（一懸）。鐙（Abumi）。魚（vuo）。Fitocasane（一重）。小袖（Cosode）。Fitocaxira（一頭）。瓜十（Vri touo）。Fitocoxi（一腰）。刀（Catana）。太刀（tachi）。Fitocubi（一首）。簑（Mino）。

（ロドリゲス著、土井忠生訳『日本大文典』第三巻・第四章の一部、三省堂刊）

日本語の助数詞は、ヨーロッパ人にとってかなり面倒なものである。スペインのドミニコ会宣教師のディエゴ＝コリャードは、日本で布教した後、ローマで『日本文典』『羅西日辞書』などを出版したが、前者の当該項目の執筆に際し、次のように前置きしている。

日本の算法と数の材料について

これは骨の折れる仕事である　（大塚高信訳『日本文典』、風間書房、一〇三頁）

「骨の折れる仕事」とは、漢語数詞・和語数詞に続く助数詞の用法の複雑さを意味する。助数詞は、その対象ごとに多くの種類があり、また、同じ助数詞でも上接する語音（数詞）によって発音が変わる。のみならず、文字言語の場における表記上の問題も少なくない。その文字遣い一つに発信者の人柄・教養も問われるとすれば、確かに骨は折れよう。

### 書札礼と助数詞のマナー

書札礼とは、各種の文書・書状類についての様式や作法を説くものである。そのさきがけとして八世紀の「公式令《くしきりょう》」があげられる。文書様式は時代とともに変容し、また、識字層も拡大して多様な文書が出回るようになる。平安時代以降には、それらを執筆するための解説書や文例集、及び、有職書《ゆうそくしょ》などが作られ、鎌倉時代の『消息耳底秘抄《しょうそくじていひしょう》』（守覚法親王《しゅかくほうしんのう》）や『書札抄』（平経高《つねたか》）などを経て、一二八五年（弘安八）『弘安礼節《こうあんれいせつ》』が制定される。これは朝廷関係の礼節・文書等について簡潔に規定したものである。武家の方でも、『沙汰未練書《さたみれんしょ》』、『今川了俊《いまがわりょうしゅん》書札礼』『大館《おおだち》常興書札抄』『宗五大艸紙《そうごおおぞうし》』などが編まれた。

書札礼においては、助数詞の用法に関する条が、ままみられる。助数詞は、文書語としての性格を、なお、強く有していたのであり、それについての知識・教養は、日常的な書状や進上の折紙《おりがみ》、目録などの書面を作成する上で必要不可欠のものであった。

貴札委細致二拝見一候。抑鴈一。鳥五。鯛十。御樽三荷。被二贈下一候。祝着之至候。賞翫無二比類一候。(上脱カ)併御懇意難二申尽一候。仍比興候へ共。折節見来候間。鰍二懸。令二進入一候。旁以参可二申入一候。可レ得二御意一候。恐惶謹言。

名字官

名乗判

月　日

某殿

参貴報

先日者預二御使一候。殊更重宝贈給おりと畏入存候。将亦鴨五。鶉一折。鯉一。塩引三尺。貝鮑一折。令レ進レ之。心事以二面上一可二申承一候。恐恐謹言。

名字官
（『書簡故実』）

月　日　　名乗判

凡此趣也。但当時ハ人々御中と書候て。真草行心得可レ然候。（後略）

『書簡故実《しょかんこじつ》』（続群書類従《ぞくぐんしょるいじゅう》、二四下）は、書札礼に関する故実書で、作者は未詳（諸家によるか）、天正《てんしょう》年中（一五七三～九一年）の成立とされる。様々な書状類の調《ととの》え方が示されており、右もその一つである。前者は、「貴札《きさつ》の委細拝見致し候う。抑《そもそ》も、鴈一《がんひとつ》。鳥五《いつつ》。鯛十《とお》。御樽三荷《おんたるさんが》。贈り下され候う。祝着《しゅうちゃく》の至りに候う。賞翫比類《しょうがんひるい》なく候う。併《しかしなが》ら御懇意申し尽《つく》し難《がた》く候う。仍《よ》って比興《ひきょう》に候えども。折節見来《おりふしげんらい》し候う間。鰍二懸《いなだふたかけ》。進入せしめ候う。旁《かたが》た以って参じ申し入るべく候う。御意を得《う》べく候う。恐惶謹言《きょうこうきんげん》」と読む。後者は、「先日は御使《おんつかい》に預かり候う。殊更重宝《ことさらちょうほう》なる贈《おくりもの》給わりおりと畏《おそ》れ入り存じ候う。将《はた》亦《また》鴨五。鶉一折《うずらひとおり》。鯉一。塩引三尺《しおびきさんじゃく》。貝鮑《かいあわび》一折。これを進《たてまつ》らしむ。心事面上《めんじょう》をもって申し承わり候う。恐恐謹言《きょうきょうきんげん》」と読む。助数詞は、「つ」「荷《か》」「懸《かけ》」「折《おり》」「尺《しゃく》」とみえる。

**贈り物の「目録」の書き方**

「目録」の調《ととの》え様《よう》（書き様・こしらえ様）についても次のようにみえる。

一《(ひとつ)》諸大名ニ式《しきの》馬・太刀・折・樽など遣し候に。目録書様之事。

注文

太刀　一腰

織物　五重
折　拾合
山鳥　二
白鳥　一
鴈　五
鯛　一折
鯉　一折
樽　十荷
馬　一疋毛付有レ之。
　百貫文
　　以上
　　　　左衛門大夫

凡此趣也。折紙之時ハ一重也。注文ハ紙一枚を折て。如レ此相調候也。書様次第何も如レ此也。鮭をハ。五尺十尺など丶書べし。何も右にしるしごとく。条々口伝。折紙注文などハ。(後略)

(『書簡故実』)

右に一箇条おいて、贈り物を列挙する順序・数量の書き方も説かれている。

一精進之物。魚鳥とならべて参候事。不レ及レ見候様に候。前後之儀。何にても不レ苦候哉。但精《マヽ》之物。前にて可レ有レ之哉と云々。桶に入候物。進物に書付は。一桶十桶など、書べし。鳥ハ何鳥にても前に書べし。次第ハ白鳥一。鶴一。鴈五。雉十。など、書べし。何鳥にても数有べし。魚をも数を可レ書。但鯛一折など、も有べし。鯉五。など、ハ書也。五喉などは悪し。又一かけなども不レ宜候。鮭をハ五尺十尺。又壱尺など、書也。赤荒までハ。数を二十三十と可レ書也。折紙にいくつもあれ。樽の添候時ハ。奥に書べし。

（『書簡故実』）

「精進《しょうじん》之物」（肉・魚介《ぎょかい》類を除く、野菜・海藻《かいそう》・穀類）と「魚鳥」との順序は、いずれでもよいかもしれないが、前者を前に置く方がよいとされる、桶に入ったものを進物として書く場合は「一桶《おけ》二桶」と書く、魚鳥の順序は、まず鳥、次に魚を書く、同じ鳥でも順序がある、鳥も魚も数を「一《ひとつ》、五《いつつ》、十《とお》」と書く（助数詞を使わない）が、「鯛一折《おり》」「鮭五尺《しゃく》十尺、壱尺」などと書くのはよい、「（鯉）五喉《（こう）》」「一懸《かけ》」などはいけない、「赤荒」（ウグイの別称アカハラか。『大書札集《だいしょれいしゅう》』〈武家故実書、伝小笠原貞慶〉は、この語を「荒巻《あらまき》」とする）までなら「二十三十」と書いてよい。「五喉」の字は、口偏に「隻」の旁でみえる。

「樽」（酒樽）・「馬」（毛色を書く）・「百貫文」（銭〈一貫は千文〉）は、奥に書く。

一美物。公方様へ進上之事勿論候。但是に御樽添候者。奥に御樽十荷共五荷共可レ然候。

進上
白鳥　一
鯉　一
熨斗　五百本
蛤　一折
以上

進上
昆布　一折
鴈　一
鯛　拾
海老　一折
貝鮑　百
御樽　十荷
以上

（『書簡故実』）

右もそうした一箇条である。二通それぞれの下に、「右如レ此折紙に認《したため》候也。」公方へ

自二諸国一歳暮　又正月進上儀也。はまぐりなどハ。一折千など、数を書事。田舎よりハ尤可レ然歟」、「右是も折紙也。竪紙も不レ苦。進上書は。向々《（むきむき）》人によるべし。かひあわびをバあら物と申候。是に折など添候。七十合とも有べし。昆布の次に書のせてよし」とある。

「美物《びぶつ》」は、おいしい食べ物、「公方様《くぼう》」は、将軍のこと。「熨斗《のし》」は、熨斗鮑《のしあわび》、アワビを薄くむき、延ばして干し、食用、また、進物とした。

「竪紙《たてがみ》」とは、本紙《ほんし》（規格の料紙）を折らないで横長につかった書状、「折紙《おりがみ》」とは、礼《らい》紙《し》を節約するため、本紙を上下に二つ折りし、裏に折り返した方を礼紙にみたてた書状をいう。折り目を下にして書く。室町時代、軽い内容の武家文書に用いられ、進物・贈答の目録にはみなこの形式が用いられた。礼紙は、相手への敬意を表わすために添える白紙。

同趣の記事は、次のようにもみえる。いずれも『続群書類従』（二四下）による。

① 一《（ひとつ）》肴《（さかな）》の目録に。鳥幾《（いく）》つがひ。魚なんこんと書事わろし。鳥は一ツ二ツと書。鯉などは一折とも。亦一ツ。二ツ。十。廿など書べし。鯛鮒などの類も同事也。

（『酌弁記』）

② 魚の数唯《（喉カ）》之字事。

（『曾我兵庫頭八十五ヶ条品々不好事』）

③ 一魚を一かけ二かけと申事なき事ニて候。一ツ一ツ《（ママ）》と其数を申が能《（よく）》候。

（『伊勢六郎左衛門尉貞順記』）

①は、室町時代後期の宴会作法書で、天文・永禄年間（一五三二～六九年）に足利義輝に近仕した伊勢貞順の作という。武家の礼法故実書『鳥板記』（続群書類従、二四下）にも同様の文言がみえる。鳥に「番」、魚に「喉」を書かず、「一」《ひとつ》「二」《ふたつ》と書く。鯉・鯛・鮒などは「折」もよいという。総じて、鳥・魚に助数詞は添えないが（「尺」は別）、「折」（及び、「桶」）はよいという。②は、天正のころ、曾我兵庫頭（尚祐の父）の作。魚の助数詞「喉」を好まないことをいう。③は、武家の礼法故実書で、天文ころ、伊勢貞順の作。

後に引くように、女房への進上目録は仮名・漢字の交え書きとする（／印は原本に改行）。

一女中方へ目録次第。
しん上。／がん《雁》　一　／たい《鯛》　一おり《を》　／はまぐり　一折　／御たる《樽》
三が　／　以上／　はうさこん大夫／　さだ次　（『書簡故実』）

足利時代末期～江戸時代初期の成立かとされる『女房筆法』（続群書類従、二四下）にも、次のようにみえる。

もくろくと、のへやうの事。
しん上。／がん《雁》　二。／たい《鯛》　一おり《を》。／にし《辛螺》　一おり。／御たる《樽》　十
か。／　以上／　いせう《右》京すけ／　さだ遠　（『女房筆法』）

この「たい　一おり」の下あたりであろうか、細字で「たい。ふな。こいなどは。かず

もおほく候て。見たてもよく候て。かずをかくべし。たいふなは。十より上は。十まいと。まいの字をかきてもよし」と注記されている。鯛・鮒の一〇以上なら「枚」もよい。

同様の表現は、『伊勢兵庫守貞《ママ》宗記』（続群書類従、二四上）にもみられ、魚の助数詞は「大略《たいりやく》一折ニて候」うが、鯛、鯉、鮒、鱈などは「見たて可レ然候へば。数を書候事にて候」とある。ただし、「一折と書て脇に員数《いんずう》を書候事有間敷《あるまじく》」という。これは、貞宗（一四四四〜一五〇九年）の手による伊勢流の武家礼法故実書である。

## 故実書に見える助数詞の使い分け

故実書とは、貴族社会、また、武家社会における年中行事等の儀式典礼・次第、法令・軍陣などの先例・範例を説く書物をいう。日本では、この故実類に通暁《つうぎよう》することが切実な問題であった。その故実書の中に、助数詞についての言及がある。右にもその一部を引いたが、やはり、書簡作法に関わり、辞書類以上に詳しく、その用法を述べている。

その資料として注目されるものに『道照愚草《どうしようぐそう》』『書簡故実《しよかんこじつ》』『馬具寸法記《ばぐすんぽうき》』などがある。『道照愚草』は、伊勢流の武家故実礼法書である。伊勢貞久（道照）が貞宗・貞陸《さだみち》以来の家説をもとにして筆録したものを貞順・貞昌等が整理・補筆したとされる（一六世紀中葉〈天文ころ〉の成立か）。ここには、次のような一条がみえる（仮名の濁点は私意による）。

諸道具数書事《しよどうぐのかずをかくこと》

鞍　一口《イック》　鐙　一懸
手綱腹帯　一具　鞍　一懸
胸懸《ムネカイ》　鞅《ヲモカイ》　面懸《ヲモカイ》　押懸おしがけともをもがいともいふべし
手縄　一筋　鞭　一筋
沓　一足　行縢《（むかばき）》　一懸
射韝《（ゆごて）》（韝）　一具又ハ籠手　又は小手
馬面　一懸　切付　一口《イック》共一具共
馬衣　一具　馬膚　一具
鞍覆　一懸共又一共　轡　一口《イック》
泥障《（あおり）》　一懸　鼻革　十間
弓并弦　一張　矢　一手

矢一手と云は。内むき外むき一手あるを云。不レ然候はゞ一二と云。矢一こしと云は此事たるべし。

ゆがけ　一具 一具ゆがけとは不レ申候　引目　一束とは廿。一腰とは四事也。
鑓　一本　鎌鑓　一本
薙刀長刀共　一柄　太刀　一腰共一振共

打刀　一振共一腰共　脇指　一腰

うつぼ　一又は一腰とは中候へども　一本とは不レ申候

箙《えびら》　一腰　尻籠　一腰

具足　腹巻　鎧　何も　一領

甲　一刎《ハネ》はねと云字はきると云間忌也

喉輪　一懸右ゆがけとは云ともかた／＼小がけとハ不レ云也

筆　一対一管　墨　一挺

硯　一面　机　一脚

絵　一幅　蠟燭　一挺

屛風　一双　船　一艘

香合　一　盆　一枚かなの時一とばかり

香炉　一其色を書く　花瓶　一其色を書く

箸　一膳食物のはしの事　香筋(筯)　一対共一膳共

三具足　一飾　香匙《こうさじ》火筋《ひばし》(筯)台　一鞍一口　一鐙一懸

銚子　一柄枝《エダ》　銚子提子一対

敷皮引敷　一　菅笠　一蓋《かい》

傘雨墨　一本　椀　一流一折束敷
莚　一枚　畳　一畳
馬荷　一駄　沈香　一炷
鳥　一番共二三共　鷹　一
魚　一喉　鮭　一尺
狸　一疋其外何も四足の物を何疋と云
　目録などには。狸一兎一と書く。狸ハ進上には不レ成。
鷹　一連《モト》一居《モト》一𢄝《モト》何も一もと、よむなり。
旗　一流　一幕まく一ツは半まくといふ也　一畳一畳とは二ツの事也
（『道照愚草』続群書類従、二四下）

事書《ことがき》に「諸道具の数を書く事」とある。数を、とはいっても数詞（数字）が問題ではない、その下の助数詞が問題である。それをどのように書き分けるか、これがテーマとなっている。ここでは、馬具・武具以下、細かくその対象を掲げ、用いるべき助数詞が示されている。ただし、必ずしも目録用ではないようである。対象によっては複数の助数詞用法がある。一部、対象語・助数詞が重複しているが、これは編集の手が数次にわたるからであろう。ともあれ、右は、助数詞もその対象も多様であり、この用例数は故実書類の中でも群を抜いている。個々の語釈は省略するが、末尾の「一幕」の「一」は衍字《えんじ》であろう。

近世の資料に、幕には「帖」を用いるとするものがある。

## 馬具・武具の正しい数え方

一馬道具《むまどうぐ》書状に可レ調様事
鞍一口。輿一口。鐙一足。一懸。切府(付)一疋分。

力革一具。鼻革一間。手綱一具。一筋。

策一ツ。奉射のゆがけ。かたぐ〳〵馬上のゆがけ一具。

弦一筋。弦一張トハ七筋也。一桶トハ廿すぢ也。

又鞠をハ一丸トモ。一顆共可レ書。

一菟ハ一耳二耳と可レ書。一疋二疋とハ悪し。但一耳とハ二の事也。一ツをバ片耳と書也。一ツ二ツとハ可レ書不レ苦。鷹犬をバ一牙加様《かよう》にかくべし。

一置字之事。（後略）　（『書簡故実』）

武家社会では、馬具・武具や鷹狩りの獲物などが頻繁に贈答された。右も、そうした際の目録等に用いる助数詞を説く。「調《ととの》える」とは、作法どおりに（落ち度なく）言葉を用いること、「様《よう》」とは、ためし。手本・やり方・方法の意。「切府《きつけ》（付）」は、鞍と馬の背の間に敷く下鞍《したぐら》、「策《むち》」は、乗馬のむち、「ゆがけ（韘・弓懸）」は、矢を射る際に用いる革手袋、「弦」は、弓のつる、「鞠」は、蹴鞠のまり、「鷹犬《たかいぬ》」は、鷹狩り用に訓練した犬。

一かりまたを。常に人の。一まい二まいなど、申候事わろし。一ツ二ツたるべし。
（『岡本記』、続群書類従、二三下）

『岡本記』は、小笠原流の武家故実書で、一五四四年（天文一三）一二月、岡本美濃守縁侍の作になる。雁股《かりまた》は、狩猟用の鏃《やじり》の一つで、先が二股に開き、その内側に刃がある。当時、これを「枚」で数える人が多かったようだが、「一ツ二ツ」が正しいという。

『馬具寸法記』は、室町時代の故実書で、奥に「右以二伊勢兵庫頭貞為自筆之本一写之」とある。この末には次のようにある（╲印は合点《がってん》）。

╲一ゆがけ一具。　╲むち一筋。
╲手綱腹帯一具。　╲鞦《しりがい》一掛。
╲うつぼ一。　╲鐙一。
╲鞍一口。　╲幕一帖。
╲沓一足也。　╲切付一口。
╲鞍覆一。　╲あをりは一懸。
╲行騰一具。　╲鞦一足とは云まじ。一
と可レ在レ之也。　╲弓袋一二と云。
╲金襴一端。　╲香合一。

／盆一枚。女中へは一ツ也。
／小袖五重。
／のしあはび千本。
／香炉一。
／柳廿荷。
／花瓶一。
／折十合。
／鞦二掛。
／初瓜三籠。
／干鯛二十。
／荒巻二十。
／抹茶壺一。
／奈良紙十束。
／粽《ちまき》二籠。
／初鰔《ママ》一尺。
／銚子一エタ《枝歟》。

／鎧一領。
／引合十帖。
／絵一幅。
／段子一端。
／食籠《じきろう》一。
／盃台一。
／豹皮一枚。
／手縄二筋。
／白鳥一。
／塩引三。
／練貫五重。
／吉野紙二十束。
／短冊百枚。
／硯一。
／雪魚《たら》二。
／すはうはかま一具。

＼かたぎぬはかま同。　　　　　（『馬具寸法記』群書類従、二三）

右においては、鐙《あぶみ》（「懸・足」）・鞍覆（「懸」、また、「一」）・盃台《さかずきだい》（「面」）・塩引（「隻・尺」）・硯《すずり》（「面」）などの助数詞が示されない点、対象語「初鰔」（「鰔」は、誤写か）は他にみえず、しかも、助数詞に「一尺」とみえる点、対象語「鞦」が重複している点、その助数詞が「掛」とある点など、これまでと小異が認められる。後半は雑然としている。補筆によるのであろう。「鞦一足とは云まじ。一と可レ在レ之也」とみえるが、むしろ、「一《（ひとつ）》」はまれで、「一足」を可とする資料がある。

こうした故実書にみえるすべてのことが、いつ、どのような人々・場所・場面で行われたか、すなわち、流派や学派などについては、さらに検討してみなければならない。

## 女房衆と助数詞

故実書類には、女房に関わる記述も多い。前掲の『宗五大艸紙』は、一五二八年（大永八）正月、足利将軍義政以下四代の将軍に仕えて殿中武家の礼法に通じた伊勢貞頼（宗五、七四歳）の手になるが、ここに、女房への折紙について、次のようにある（群書類従、二二）。

一　女中へ進上の折紙調様《（ととのえよう）》。（中略）名乗ハ上ノ字をかなに下をばまなに可レ書。名字官途もかなまなを交《（まじう）》べし。私にて女房衆への折紙此分也。又ぼん。かうばこ。どんす以下もかなに書べし。だんし十帖。引合杉原も十でうとかくべし。おりたる《（折樽）》

以下の折紙をもまなをまぜてかくべし。

一　公方様へ折樽以下進上書やう。御盃台。絵様可レ付。数不レ定。御折十合数不レ定。押物五合。数不レ定。御樽十荷。数不レ定。京にてハ柳なれバ柳何荷共書。又御樽。天野何荷共書。是も私へならば御字あるべからず。是も女中へハかななるべし。

檀紙《だんし》・引合《ひきあわせ》紙・杉原紙、また、折・樽など、また、その助数詞も「かなまなを交《（まじう）》べし」（仮名・漢字を交用する）とある。「柳《やなぎ》」は、当時、京都にあった造り酒屋、また、その銘酒。「天野《あまの》」は、大阪府河内長野の天野山金剛寺の僧坊で造った銘酒。天野酒《あまのざけ》。

仮名・漢字を交えた「かきやう、又ハこしらへやう」は、他の故実書類（『女房筆法』・『御産所日記』〈武家故実書、足利時代中期、幕府の医者安芸《あき》氏の手になる〉・『飯尾宅御成記』一四六六年〈寛正七〉二月、足利義政が飯尾《いのお》肥前守之種〈一四一三～七三〉宅に臨んだ折の記録書〉など）でも同様に説く。

『女房進退』は、女房衆の躾《しつけ》覚書である（室町末～江戸初期成）。

一　人の御ぞんじありたる事なれ共。もしあやまりも有物也。伊勢殿の書物にもあり。絹をバ一疋二疋といへり。又は女ばうなどは。一巻。二まき。十まき。二十巻といへり。

一いたの物をば。一たん二たんといへり。女ばう衆は。一ツ二ツといへり。

一布をば。これも一たん二たんといへり。女ばう衆は。一ツ二ツといへり。

一綿など人に渡スにハ。十把二把などいだすには。ひろぶたなどにすへて出スときには。はさきの方を。人ノかたへいだし候也。

一すぎはらなどを人にいだすに。杉原を一帖ヅヽ、（中略）。文などに書候時にハ。拾帖弐拾でうとかき候。おとこなども其分也。さがりたる所へハ。壱束二そくとかくべき也。かきやう又ハこしらへやうくでんあり。

一中おりなども。二束三ぞく迄ハ。弐拾でう三拾帖などヽいへり。そのほかは。四束。五そく。拾束。二十そくといへり。壱さをといふ事。あき人のいふことばなり。

一とりの子などは一でう二でう。又ハ壱束などヽいふ事なき事に候。一枚。弐拾枚。百枚などヽいへり。

一だんし。みぎやうしよなども。拾でう。弐拾帖といへり。引合などは。五拾枚。百枚などヽいへり。

一おびを人にいだすときには。一たけとは。八筋をいふ。一えだとは。拾すじ《ママ》をいふ。一すぢなど人に出すにハ。つヽみ候とき。ひだを一ツとり候なり。二すぢ。三すぢその以後は。ひだを二ツ取也。いまの帯のむすびやう。帯のきりめを見せぬやうにむすび候也。口伝あり。


（『女房進退』続群書類従、二四下）

助数詞は、対象によって使い分けられるが、同種のものでも、その種類・品種により、また、その数量によって、更に細かく使い分けられたらしい。すなわち、紙を数えるには、大体、「帖」「束」「枚」などが用いられるが、杉原紙には「拾帖弐拾でう」と書き、「さがりたる所」へは「壱束二そく」（二〇帖＝一束）と書く。中折紙《なかおりがみ》には、二、三束までは「弐拾でう三拾帖など、」と書き、四束以上は「四束。五そく。拾束。二十そく」と書く。檀紙や「みぎやうしよ（御教書）」なども「拾でう。弐拾帖」と書く。鳥の子紙《とりのこ》・引合紙《ひきあわせ》には、「帖」「束」を用いず、「五拾枚。百枚」と書くとある。「みぎやうしよ」とは、奉書《ほうしよ》に用いる奉書紙《ほうしよがみ》のことであろう。厚手の檀紙《だんし》の一種で、きめの細かい、純白の美しい紙である。

## 男性との違い

女房に関しては、助数詞の用法上、「おとこなど」（男性）と異なる点のあることにも注意される。即ち、絹を「一疋二疋」というところ、「又は女ばうなどは。一巻。二まき。十まき。二十巻といへり」とみえ、織物の板物・布を「一たん二たん」というところ、「女ばう衆は。一ツ二ツといへり」とみえる。「疋」や「たん」（端）は、基本的な布帛の単位であって、男女の差なく使用されたかと思われるが、女房などは、平常、「巻《まき》」で通用し、また、助数詞を用いないことがあるというのである。引合紙に関しては、『宗五大艸紙』では「帖（十でう）」と書けとあったが、それは、男性から女房宛の場合であろうか。同様、先の『道照愚草』には「盆　一枚かなの時一とばかり」、『馬具寸法記』にも「盆一枚。女中へは一ッ也」とあった。『伊勢貞興返答書』（一五七二年〈元亀三〉成、武具・装束等についての伊勢流故実書）にも「御ぼん　一かなの時は。枚の字あるまじく候。数を進上時は。一二とあるべし。」とみえる。「かなの時」とは「女中」への書状である。女房達の世界に「一ッ二ツ」を用いる傾向が目立つが、これは、彼女達が、助数詞を用いるような公文書の世界と距離があったからであろう。ただし、「一ツ二ツ」とはいっても「つ」は表記しない。

右には、「さがり《(下)》たる所」や「あき人（商人）のいふことば」など、言語位相に関与する助数詞もみえている点、興味深い。

ところで、男性から女房宛に進上する目録には、次のような心得も必要である。

　一女中方へ美物など参らせ候に。女房詞とて鯛をおひら。鮭をありまなをと云事有まじく候。鯛をハ鯛。鮭を鮭と認《したため》たるがよく候也。（『書簡故実』）

「ありまなを」とは「あかを(お)まな」の誤写らしい。「女房詞《にょうぼうことば》」とは、室町時代初期ころ宮中で女官が用いた言葉である。『大上臈御名之事』（足利義政の時代に成る）によれば、女房詞として、鯛は「おひら」、鮭は「あかおなま《(ママ)》」（群書類従、二三）というとあり、『日葡辞書《にっぽじしょ》』にも、「Acauo mana. アカヲマナ（赤お真魚）鮭。婦人語。▼Vomana.」（土井忠生・他編訳）とある。こうした女房詞を用いた書き様は、例えば、近世の『永代節用無尽《えいたいせつようむじん》蔵《ぞう》』に、「女中目録書様」として、「白てう　一／御ひら　一をり／ゆき　一をり／御まな五／やまぶき　二をり／御たる　十か／　已上」という例が示され、『礼式書札集《れいしきしょさつしゅう》』『字《じ》林用文筆宝蔵《りんようぶんひつほうぞう》』、その他にも同趣の書き様がみえている。しかし、女房宛の進上目録だからといって、女房でもない立場からこうした女房詞を用いてはならないというのである。

# 近世——文書語としての助数詞

## 出版物に見える助数詞

近世は、比較的平和が維持された時代である。交通や通信網が発達し、産業・経済・出版技術等の発展や庶民教育の普及などにめざましいものがあった。都市・地方間の人的・物的交流は盛んになり、物心両面に豊かな生活が営まれるようになったが、これとともに、より多くの書札礼《しょさつれい》や消息手本集・同用語集、辞書類が作成され、刊行された。その具体相は、膨大な出版量をほこる『庭訓往来《ていきんおうらい》』や『節用集《せつようしゅう》』、その他の出版物によって窺うことができる。『庭訓往来』に代表される往来物類は、町方でも地方《じかた》でも基礎的・専業的教科書・教養書として流布した。『節用集』は、『下学集《かがくしゅう》』の改編になるものだが、その後、各種の写本・版本を生み、通俗辞書の雄《ゆう》として近代にまで及ぶ。『下学集』も一六一七年（元和三）以後、各種のものが版行された。

数量表現、即ち、助数詞や単位（狭義）などに関する語彙も、程度の差こそあれ、こうした出版物において触れられている。

助数詞や単位（狭義）などのみえる往来物・消息手本には、例えば、『童訓集《どうくんしゅう》』（一六七二年〈寛文一二〉刊など）・『書札調法記《しょさつちょうほうき》』（一六九五年〈元禄八〉刊、その他）・『文林節用筆《ぶんりんせつようひつ》海往来《かいおうらい》』（一七一九年〈享保四〉刊、その他）、『万宝古状揃大全《まんぽうこじょうそろえだいぜん》』（一七五七年〈宝暦七〉刊、その他）・『字林用文筆宝蔵《じりんようぶんひつほうぞう》』（一七七九年〈安永八〉刊）・『万物用文章《ばんぶつようぶんしょう》』（安永年間〈一七七二～八一年〉刊）・『万代用文字宝大全《ばんだいようぶんじほうたいぜん》』（一八世紀半ば刊）・『女文通宝袋《おんなぶんつうたからぶくろ》』（一八一八年〈文化一五〉刊）・『弓勢為朝往来《ゆんぜいためともおうらい》』（一八二三年〈文政六〉刊）・『大成筆海重宝記《たいせいひつかいちょうほうき》』（一七九七年〈寛政九〉刊、その他）・『御家書札大成《おいえしょさつたいせい》』（一八四五年〈弘化二〉刊）・『新増用文章《しんぞうようぶんしょう》』（一九世紀前半刊）・『新板用文章《しんはんようぶんしょう》』（一九世紀前半刊）など、礼法書・書札礼には『礼式書札集《れいしきしょさつしゅう》』（一六七五年〈延宝三〉刊、その他）、武家故実書には『大諸礼集《だいしょれいしゅう》』（伝小笠原貞慶著、一七四九年〈寛延二〉刊、その他）などがある。

『節用集』の類は、先にも引いたように、語彙をイロハ順・部門別に掲出し、イの部の言語（門）に「一献《コン》肴 一喉《コン》魚《コウ》」、ヒの部の言辞（門）に「｜聡《モト》（聯カ）鷹《タカ》」（『易林本節用集《えきりんぼん》』一五九七年〈慶長二〉刊）といった形で助数詞を掲げる。『永代節用無尽蔵《えいたいせつようむじんぞう》』（一七五〇年〈寛延三〉刊、一七五二年〈宝暦二〉刊、一八三一年〈天保二〉刊、その他）・『大新増節用無《だいしんぞうせつようむ》量蔵《りようぞう》』（一七七三年〈安永二〉刊）・『都会節用百家通《とかいせつようひやつかつう》』（一八〇一年〈寛政一三〉刊、その他）なども、基本的には同趣のイロハ順語彙集であるが、後代のものになると、国語辞書としての機能だけでなく、百科辞書・教養書としての機能を兼ね備えることが多い。巻頭・巻尾、また、欄外（頭書《かしらがき》）などに七福神・内裏《だいり》の図・日本国の図・平安城京図・御江戸諸方角図・名乗字・茶調様のこと・四季異名など、盛り沢山の情報が収められ、その一つとして書札礼や・文例集がみえることがある。この他、事典の類とされる『永代重宝記《えいたいちようほうき》』（一六九五年〈元禄八〉刊、その他、数量門）にも多くの助数詞がみえている。

以上のような出版物において、助数詞は次のような見出し項目のもとにみえている。

進上目録の書き様、他（『礼式書札集』）　折紙目録書様、他（『書札調法記』）

進物弁祝言《しゆうげん》結納《ゆいのう》目録調様《ととのえよう》の図、他（『文林節用筆海往来』）

樽びぶつ《美物》書状にかき加る様体之事　注文書様の事、馬道具書状に可レ調之事、他（『大諸礼集』）

目録調《ととのえ》やう、他（『字林用文筆宝蔵』『万代用文字宝大全』）

折鳥目《ちようもく》等目録書様（『万代用文字宝大全』）

書札認《したた》め方心得の事（『都会節用百家通』）目録認めやう弁樽の事（『大成筆海重宝記』）

これらは、(イ)目録・折紙・注文などの書式礼法を具体的に指導するかたわら、助数詞の用法に触れるものである。この一方、(ロ)助数詞そのものを主眼とした解説もある。

衣類　道具　気形之科《きぎょうのしな》　書状（『童訓集』）　物之数書様《もののかずかきよう》（『礼式書札集』）

衣服并魚鳥詞づかひ（『書札調法記』）　物の数書様之事（『文林節用筆海往来』）

数量門（『永代重宝記』）　諸物異名（『字林用文筆宝蔵』）

対　名《ついみょう》字□《尽?》、他（『万物用文章』）　万《よろず》対名之事（『都会節用百家通』）

対名の事（『女文通宝袋』）　物数書法（『大成筆海重宝記』）

都《すべ》て物の員《かず》をしるすに心得の事、他（『御家書札大成』）

諸品物名数（『新板用文章』）　諸品物名数《しょしなものめいすう》（『万宝古状揃大全』）

「対名」とは、対象に応じて用いられる名称、つまり、今の助数詞のことである。『都会節用百家通』の場合は、本文の語彙欄（イ部・ヒ部）ではなく、頭書《かしらがき》にみえる。

これらの助数詞用法の詳細、また、それぞれの典拠や出典の吟味等については省略するが、次に、右のような近世の書札礼、辞書等にみえる数え方の内から衣服類、刀剣・弓馬類、鷹狩りなどに関する部分を取上げ、その概要を述べておく。近世の書札礼・辞書類におけるところは規範性を有するものが多く、現代に通用する用法も少なくない。

『都会節用百家通』『永代節用無尽蔵』『大新増節用無量蔵』『いろは節用集大成』などの

辞書の場合は、右の(イ)・(ロ)の条の他に語彙欄の用例も含めて検討する。

見出しの助数詞には現代仮名遣いでルビを付すが、「　」に包んで示す語形や振り仮名は、それなりの典拠をもつものである。付訓の得られない場合は（無訓）と注記する。

なお、用例の読み方につき、原則として、助数詞が和読なら上接する数詞も和読（例「一《ひと》-領《くだり》」「二《ふた》-腰《こし》」）、それが音読なら数詞も音読となる（例「一《いち》-領《りやう》」「二《に》-腰《えう》」）。ただし、例外はある。例「一《いち》-羽《は》」（音読＋和読）、「七《なな》-枚《まい》」（和読＋音読）。また、傾向として、ハ行の助数詞が数詞「一《いち》」「六《ろく》」「八《はち》」「十《じゅう》」に続く場合、数詞の末尾の音は促音化して次のハ行音はパ行音（半濁音）となり、「三《さん》」「四《よん》」の撥音《はつおん》に続く場合、次のハ行音はバ行音（濁音）となる。

## 一　衣服類の数え方

### (1)　装束を数える

**対**《くだり》　敦煌《とんこう》文書に「春衣壱対《いっつい》」とみえ、平安時代末の『色葉字類抄《いろはじるいしょう》』巻中に「対クダリ春衣部」（前田本、ク部）とみえる。春衣《しゅんい》は、官給の春服。「唐令」に、春衣は年一回、冬衣は二年に一回とあるが、「養老令」では、春衣・冬衣とも毎年支給する。春衣として、男に布衫《ひとえぎぬ》と袴、女に衫と裙《も》が支給される（雑令34）。その上下の一対を「ひとくだり」という。

**具**《ぐ》　一式揃った衣服類、また、弓具・馬具、調度品や身辺の品々などを数える言葉である。衣服類では、「直垂《ひたたれ》」「狩衣《かりぎぬ》」「立付《たちつけ》」「肩衣《かたぎぬ》」「上下《かみしも》」「行縢《むかばき》」「褥《しとね》」などが対象となる。「上下一具仕立了」（『多門院《たもんいん》日記』、一五六九年〈永禄一二〉一二月六日）。

**流**《ながれ》　装束や夜具の一揃い、また、旗（招き旗）を数える。ただし、装束にこれを用いるのは「俗語《ぞくご》なる由」という（『童訓集』）。

**領**《くだり》**・領**《りよう》　装束、袈裟《けさ》を「一領《くだり》」、立付、肩衣、上下《かみしも》、わた入《いり》のきぬを「一領《りやう》」（または無訓）と数える。狩衣、御衣《ぎよい》、袍《ほう》、被衣《かずき》、袷《あわせ》、単物《ひとえもの》、帷子《かたびら》、夜着《よぎ》、襖《ふすま》も「一領」（無訓）と数える。一揃いの衣服や鎧・具足を対象とするが、『貞丈《ていじよう》雑記《ざつき》』には「領はゑりとよむ字也。ゑりの付《（つき）》たるものハ、皆一領と云也」（天保一四年刊本、一五巻上）とある。

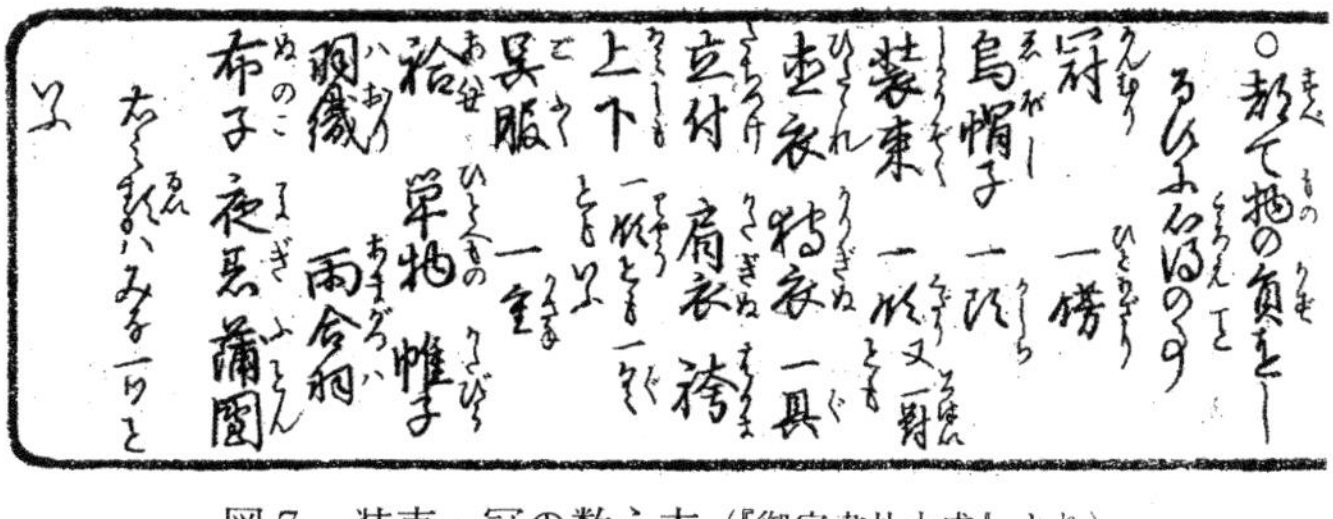

図7　装束・冠の数え方（『御家書札大成』より）

**襲《かさね》・襲《しゅう》・襲《くだり》**　衣類、衣服を「一襲《かさね》」（『都会節用百家通』『いろは節用集大成』）、「衣物うらおもてそなハりたるを」「一襲《しゅう》」（『万物用文章』）、また、革袴《かわばかま》、袴類（上下）を「一襲《くだり》」（『童訓集』『書札調法記』『万物用文章』『御家書札大成』）と数える。「一襲」という数え方は、漢代〜唐代にみえているが、日本での使用は遅い。

**下《くだり》**　中世末から袴《はかま》、袴と肩衣《かたぎぬ》を数えるとし、『新板用文章』でも「袴」を数える。装束などの一揃いを「（一《ひと》）領《くだり》」「（一《ひと》）襲《くだり》」というから、その宛字に出る世俗的な用字（用法）かもしれないが、『当代記《とうだいき》』（伝松平忠明著）などは、ことに袴を「一下《ひとくだり》」と数えている。

**腰《よう》・腰《こし》**　袴を数える（『新板用文章』）。この用法は、中国古代、正倉院文書《もんじょ》などにもみえるが、近世には、袴は「（一《ひと》）領《くだり》」（または、「襲《くだり》」「下《くだり》」）・「行《こう》」で数えることが多い。

**行《こう》**　袴を「（一《いっ》）行《かう》」と数える（『都会節用百家通』『女文通宝

図8　直　垂

図9　狩　衣

図10　上　下

袋』『新増用文章』)。

(2) 冠・帯を数える

**頭**《かしら》 烏帽子《えぼし》、および、頭巾《ずきん》・綿帽子《わたぼうし》・冠《こうむり》・包頭《はちまき》を「一頭《ひとかしら》」と数える。中世の記録類にも烏帽子・立えぼし・冠・かぶとを「頭」「かしら」で数えている(『山科家礼記《やましなけらいき》』『実隆公記《さねたかこうき》』『言継《ときつぐ》卿記《きょうき》』など)。古く「方相仮面一頭黄金四目」(『延喜式《えんぎしき》』)を数えた例がある。

**飾**《かざり》・**餝**《かざり》 冠《かぶり》・菖蒲《しょうぶ》冑《かぶと》を数える。菖蒲冑は、端午《たんご》の節句のショウブの作り物。

**頂**《ちょう》 仏法具の「袈裟」「坐具」は「一頂《いっちやう》」と数える。「各賜袈裟一長老乃九条七条各一頂。平僧乃七条一頂也。…」(『蔭凉《いんりょう》軒《けん》日録』一四三八年〈永享一〇〉四月七日)。なお、『貞丈雑記』に「身方《(みかた)》の冑をバ、一刎と云事をい《(忌)》ミて一頂といふ也」という(一五巻上)。

**副**《ふく》 「石帯《いしのおび》」を「一副《(いつ)ふく》」と数えるとする資料がある(『都会節

図11　風折烏帽子

図12　石　帯

図13　襪

用百家通』)。石帯は、束帯《そくたい》の袍《ほう》をしめる、石玉の飾りの付いた腰帯をいう。なお、笏《しゃく》、軍扇は「一握《あく》」と数える。

**条**《すじ》　腰帯・帯・裾《きよ》・服紗《ふくさ》、また、下緒《さげお》・紐・糸・革《かわ》(の紐)、さらに、縄・火縄《ひなわ》などを「一条《ひとすぢ》」と数える。裾とは、束帯の下襲《したがさね》の裾《すそ》で、後に長く引く部分をいうが、近世には、下襲と切り離され、別のものとして紐で腰に付けた。服紗は、「佩物類《おびもの》」の内にみえる。茶の湯のそれでなく、ふくさ帯のことである。下緒は、刀の鞘《さや》に結びつける紐。

**筋**《すじ》　帯・手拭《てのごい》、また、馬具の腹帯《はるび》・手綱などを数える。手拭は、(ヒトノの)「二尺五寸を用ゆ」といい(『商売往来絵字引』初編)、「枚《まい》」を用いることもある。

### (3)　履物を数える

**双**《そう》　一対になったものを数える助数詞で、履物類《はきもの》では韈《したぐつ》・舃《くつ》・鞜《くつ》、足袋《たび》を数える。ただし、衣冠・束帯にともなうような、少し硬い言葉のようである。

**両**《りよう》　履物の「鞜」を数える(『新板用文章』)。履物(沓《くつ》・足袋など)を「一両二両《いちりやう》」と数えることは、八、九世紀のころに推奨されたようである。だが、より古くから今日まで、一般的には「足《そく》」が用いられてきた。『新板用文章』は、古用を示したのであろうか。

**足**《そく》　沓・草履《ぞうり》・木履《ぼくり》、足袋などの履物類を数える。

### (4) 織物・反物類を数える

**重**《かさね》　呉服、小袖、織物を数える。呉服（絹織物）や小袖は、「三ツ」を「一重《ひとかさね》」とする（『万物用文章』『大成筆海重宝記』『新板用文章』）。

**巻**《まき》　「金襴《きんらん》」「薄衣《うすぎぬ》」「鈍子《どんす》」「繻子《しゅす》」「繻珍《しゅちん》」「綸子《りんず》」「光綸子《ぬめりんず》」「縮緬《ちりめん》」「流文《りうもん》」「綾《あや》」「紗《さ》綾《や》」「天鵝絨《びろうど》」など、巻き収めた織物・反物類を「一巻《ひとまき》」と数える（『書札調法記』、その他）。中世末の辞書類にもみえる。

**疋**《ひき》**・匹**《ひき》　「羽二重《はぶたへ》」「郡内縞《ぐんないじま》」「縮《ちぢみ》」「紬《つむぎ》」「奥嶋《をくしま》」「曝《さらし》」「木綿布子《もめんぬのこ》」の類は「一疋《いっぴき》」、その半分を「一端《いったん》」とも「半疋」ともいう（『書札調法記』）。二端（二反）で一疋である。

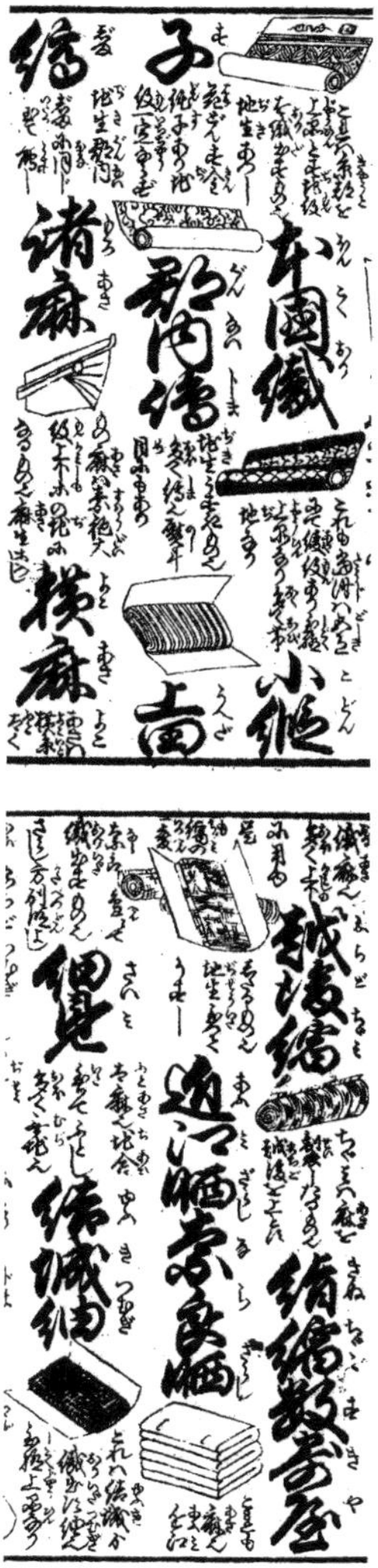

図14　織物・反物類の図（『商売往来絵字引』より）

『女文通宝袋』には、「羅紗《らしや》 金襴《きんらん》 天鵝絨《びろうど》 紗綾《さあや》 綸子《りんず》 縮緬《ちりめん》」の類を「一巻」といい、「其余《そのよ》の絹布《けんふ》ハ一疋二疋といふ」とある。絹、帛、布を対象として「匹」を用いるとする資料も散見するが、「疋」字を正用とする。

**端《たん》・反《たん》**　「端」は、織物・布帛の単位。羽二重・郡内縞・縮・紬・太織《ふとり》・麻・曝・木綿に「反」を用いる資料があるが（『御家書札大成《おいえしよさつたいせい》』）、多くの資料では「端」を用いる。

**幅《はば》・畐《はば》**　絹、帛、布を対象として「幅《はば》」を用いるとする。また、布、幕、暖簾《のれん》を対象として「畐」を用いるとする。ともに、布幅を示す「幅《の》」に同じ意味・用法である。

**間《けん》**　「羅紗《らしや》」「羅背板《らせいた》」「猩々皮《しようじようひ》」は「何間《けん》」と数える。

**固《こり》・箇《こり》**　「絹《きぬ》 紬《つむぎ》 布《ぬの》之類 木綿《もめん》 一端《たん》〈一固《こり》といふ時ハ 固之字を用（もちふ）〉」（『童訓集』）とみえ、また、「荷物《ニモツ》」を「一箇《ひとこほり》」「一箇《ひとこり》」と数える。梱包《こんぽう》した貨物や包装した荷物の数量を示す語で、もとは「行李《かうり》」に出る。中世末の『日葡辞書』にはFitocouori（ひとこをり）とみえ、すでに中世末期には au→o: とオ段長音に変化し、さらに短音化することもあったらしい。「新潟寺社由来幷新潟郷建湊法諸廻船式法等」（燕《つばめ》市更科家文書）の、水揚げの賃銀を記した条（一七一四年〈正徳四〉一〇月八日）の一部に「固荷物水揚（こりのにもつ）　銀壱分五厘」「固 荷 作賃（こりのにづくり）一駄壱匁弐分」、また「木綿繰綿茶一固　六分」とみえる（『新潟県史研究』六所収・田子了祐氏の史料紹介による）。「・〇〈弐拾固之内／荷物仙台ら〉／・〇〇一　」（汐留遺跡出土木簡、江戸時代、105·34·10 032)。江戸・大坂と諸国を結ぶ廻船の荷物は、ほとんど固の形に梱包されていたらしく、そうした文書類には「固」「箇」「個」の表記が交用されている。今日でも、「パキスタン製の二十番手綿糸《めんし》」の「価格は一コリ（約百八十一キロ）当たり平均五万一千七百円で、国内産価格に比べて七千七百円安かった」（『朝日新聞』一九九三年一二月二一日）のように使われる。

### (5)　綿・糸・針・機織などを数える

**屯**《とん》　綿を対象とする助数詞。この古訓は「屯《もち》」であるが、古代の木簡資料や「養老令」以下に綿の重さを量る単位としてみえる（唐代には六両を一屯、日本の令制では二斤を一屯とする）。「綿一屯持参」（『兼見卿記《かねみきょうき》』一五七八年〈天正六〉九月八日）。

**把**《わ》　綿《わた》・真綿《まわた》を「一把《いちわ》」と数える。真綿とは、蚕《かいこ》から製した絹綿をいうが、進物には縁起のよい「富士和多《ふじわだ》」（駿河国富士郡産）という語が用いられた。一把は綿二百目（『いろは字』）。実綿《さねわた》は「一斤《いっきん》」、「何斤《きん》何百目」と計量する（『万物用文章』）。

**綉**《へぎ》**・片**《へぎ》　「綉《へぎ》」は、綿を対象とする。綿の一片を意味する「綉《とう・つ》」に和語「へぎ」を宛てたのであろうか。なお、『永代節用無尽蔵』では、「片《へぎ》」で絹、布の一切れを数える。

**切**《きれ》　衣・布の切れを数える。何でも物の断片、切れ端を数える言い方（『日葡辞書《にっぽじしょ》』）。

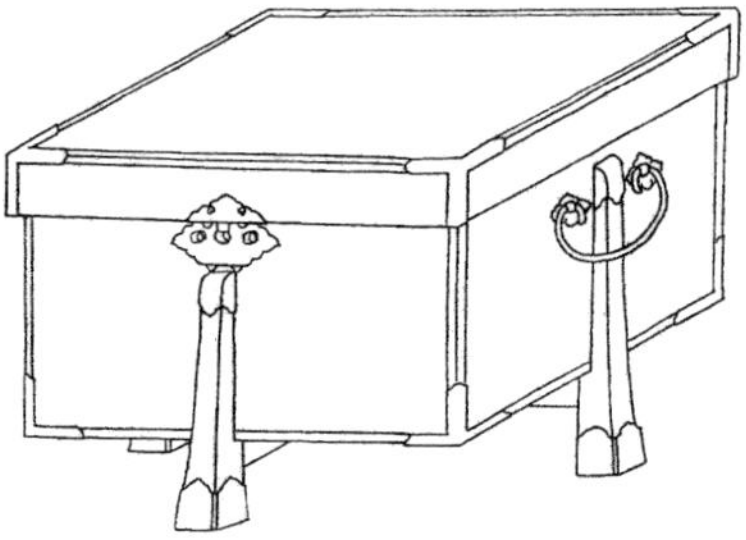

図15　四脚唐櫃

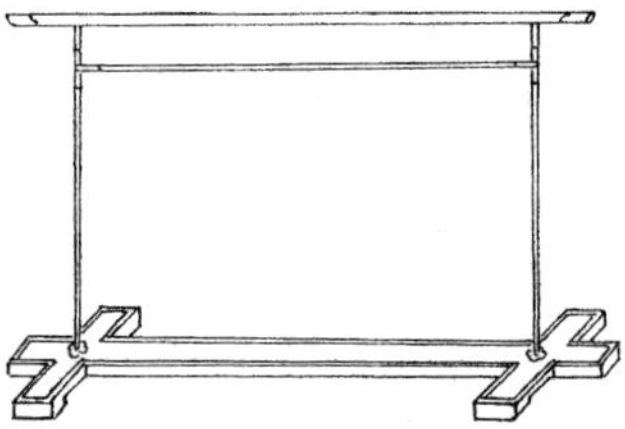

図16　衣　桁

図17　行　器（『春日権現霊験記』より．宮内庁三の丸尚蔵館所蔵）

**丸**《まる》　「絹糸《きぬいと》　一丸」（『女文通宝袋』）のように、一定の重量ごとに束ねた絹糸・絹の糸くず・綿、および、鞠・紙などを「一丸《ひとまる》」と数える。ロドリゲス著『日本大文典《にほんだいぶんてん》』には、「○ Ito fitomaru, Nipon《（ママ）》 fachiquan xichifiacu gojŭme 35.quin.（絲一丸、日本、八貫七百五十目三十五斤）即ち、25両が一斤である。／ Ito fitomaru, Caranoua, 58. quin. 5. jŭme.（糸一丸、唐のは五十八斤五十目）」（土井忠生訳、七七九頁）とみえる。

**条**《じょう》**・条**《すじ》　「糸」「帯」「革《かハ》」「縄」「火縄《ひなわ》」「道」「川」を「条《（すぢ）》」と数える。革は、細く裁断して武具類・生活用具等の結束・保護、装飾などに用いた。

**疋**《ひき》　裁縫用の「針《はり》」の五〇本を「壱疋《（いつぴき）》」と数える。二五本包は半疋《はんぴき》（『女文通宝袋』）。

**升**《よみ》　「機織　一升《ひとよみ》」とみえる。機織《はたお》りの筬《おさ》（の目）を数える言い方（『日葡辞書』）。一よみは、ふつう、筬羽四〇枚で、この数の多いほど経糸《たていと》が多く、織物の密度は高くなる。

### (6)　搬送・収納具を数える

**合**《ごう》　「御折・櫃物」「唐櫃《からひつ》」「長櫃」「御かうばこ（香合）」「十二手匣《（じゆうに）てばこ》」「硯匣《すずりばこ》」などを数える。

**架**《さお》**・架**《か》　「櫃」「長持など」は「一架《さを》」、「筆《ひつ》架《か》」「衣桁《いかう》」「屏風《べうぶ》」は「一架《か》」と数える。

**棹**《さお》　「長持《ながもち》」「長櫃《ながびつ》」「半櫃《はんびつ》」「櫃」「簞笥《たんす》」を数える。これらは衣類・調度などを保管し、搬送する大型の家具である。搬送時には、左右の側面上部に取り付けられたU字型の提手《さげて》（棹通《さおとおし》）を引き起こし、これに棹を通して人

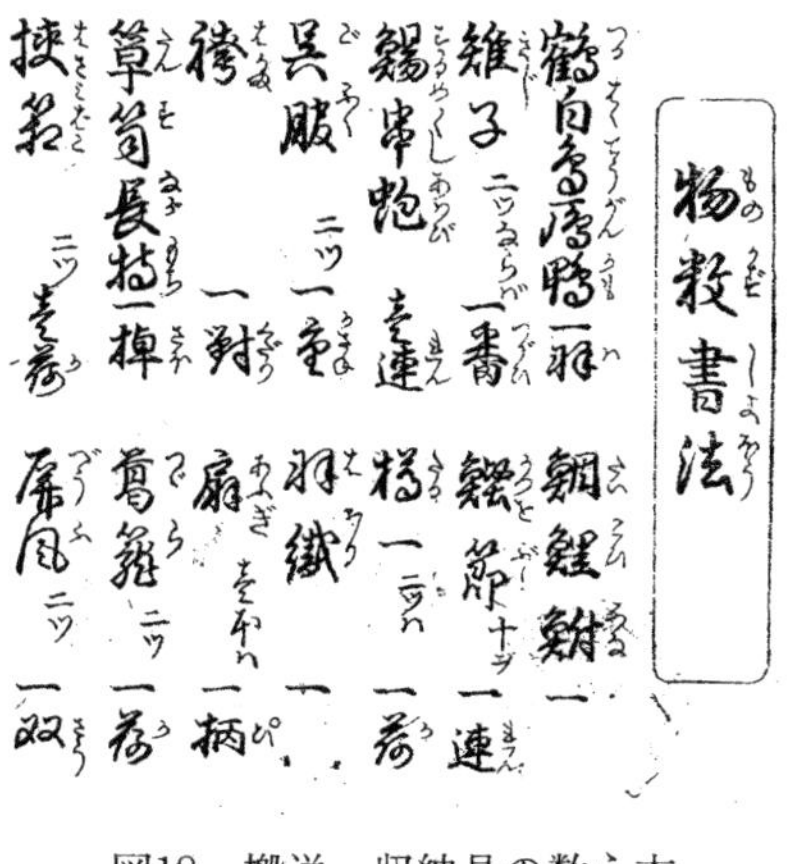


図18　搬送・収納具の数え方
（『大成筆海重宝記』より）

足二人で担ぐ。なお、近世後期から、食品の蒲鉾《かまぼこ》や蒲鉾型の練り物・羊羹《ようかん》や外郎《ういろう》（棹物菓子《さおものかし》）なども、「棹」で数えた。

**荷**《か》　葛籠《つづら》、小袖櫃《こそでびつ》、挟箱《はさみばこ》、行器《ほかい》、樽、斗樽などを数える。葛籠（衣装入れ）・行器（食物を入れて運ぶ器）・樽などは、多く二つを「一荷《いっか》」として担ぐ。一つは「片枝《かたえだ》」という（『大成筆海重宝記』他）。挟箱（衣装入れ）は、貴人の場合は紋付きとし、大名行列などの先頭部・登城する旗本の脇などで人足に一棹ずつ担がせた。樽・斗樽は、進物の酒樽。

## 二　刀剣類・弓馬類・甲冑類などの数え方

### (1)　刀剣・鑓・鉄砲などを数える

**口《く》・口《こう》**　中国の魏晋南北朝時代には、すでに、器物類、刀剣類、井戸・竈・室などを広く「口《く》」で数えていた。この用法は、朝鮮半島経由で日本にも伝えられ、七世紀前半のものとされる奈良の上之宮遺跡出土木簡に「別□（金カ）塗銀□其項□頭刀十口」とみえる。これは「別に、金塗銀纏（?）で、其頂（?）が□頭の刀を十本」の意かとされる（清水真一氏）。藤原宮木簡にも「新太刀十口中」（『藤原宮木簡二』四七一、SD五〇二）、「二月廿九日詔小刀二口　針二口」云々（飛鳥寺一九九一―一次調査）とみえる。正倉院文書には、大刀・刀子・宝剣・

横刀などに「口」を用いる。『延喜式』でも、太刀・刀・横刀などに「口」を用い、「振《ふり》」「腰《こし・よう》」を用いない。近世の『書言字考節用集』(一七一七年〈享保二〉版)は、太刀・剃《かみ》刀《そり》・鐘・磬《けい》・釜・鍋を「口《く》」で数え、「口《こう》」はみえない。基本的には、刀剣・太刀・小刀などを「口《く》」(呉音形)と数えたのであろう。これを、あえて和読すれば「ふり」である。近世には俗語的に「口《こう》」(漢音形)の発音も行われて「口《く》」「口《こう》」の二形がみられる。今日、刀剣類にこれらを用いることは少ないが(文化財関係には用いる)、鐘・磬・釜・鍋などの器物に用いられることがあり、この場合は発音しやすい「一口《いっこう》」の方が用いられる。

なお、剃刀には、「刃《じん》」も用いられ、「剃刀《かみそり》〈一双《さう》一対《つい》之心也(略)〉」ともみえる。

**振**《ふり》　大刀や宝剣などを数える。後代の『日葡辞書』には、「ふり」は、日本の長刀、大剣の数え方、「こし」は、刀や短剣の数え方とある。近世の書札礼・辞書類では、「長刀《なぎなた》」「劔《けん・つるぎ》」「雄劔」「長太刀」「太刀」「刀《かたな》」「刀剣」を「振《ふり》」で数える。太刀・刀・剣などは「腰《こし・よう》」でも数えるが、「長刀」「雄劔」「長太刀」「刀剣」には「腰」を用いない。

この「振」という数え方は、鉄槌《てつつい》をふるって鉄刀を鍛造《たんぞう》するところから出たものとでも考えたくなるが、そうではなかろう。「ふり」は、大地が震動する意味のフル(自動詞・四段)の連用形フリに出るものであろう。この剣によって、覇者が地震のように天下をふるわすことを意味する。従って、「振」字よりも「震」字を宛てる方がわかりやすいが、古

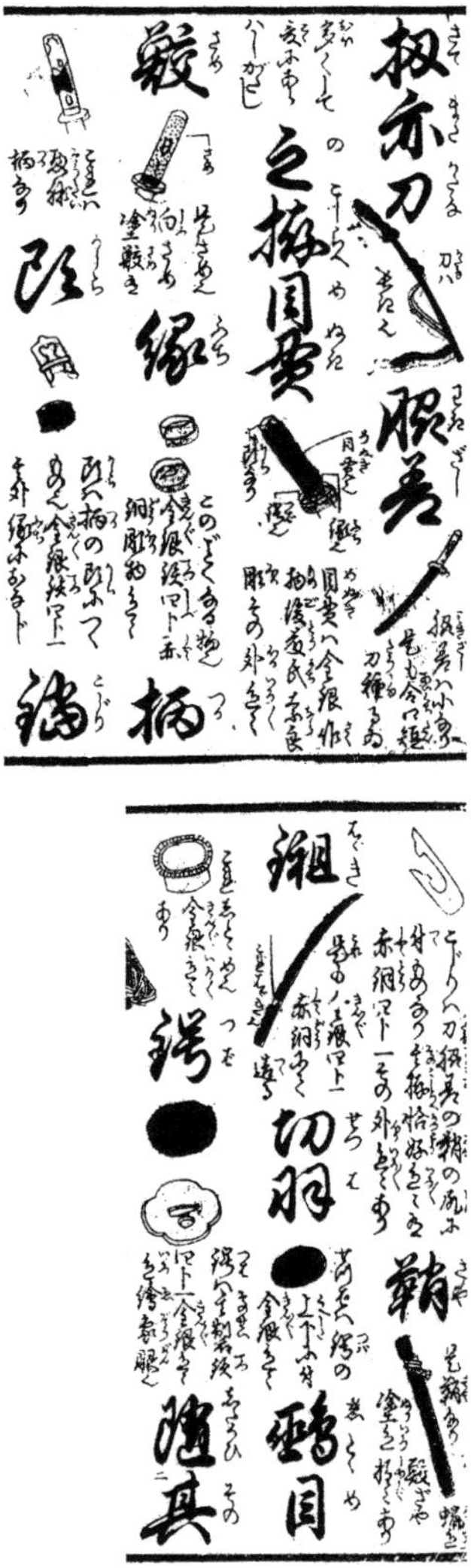

図19　刀剣の図（『商売往来絵字引』より）

来、通俗的に「振《ふり》」と書いてきたようである。ただし、古代の江田船山《えたふなやま》古墳出土太刀銘に「四尺廷刀八十練□（九）十振」（既出、四四頁、「九十振」は「六十捃」とも）とみえる「八十練《ねる》」「九十振《うつ》（振《ふる》）」の場合は、刀を鍛造する動作の回数をいうのであろう。

**腰《こし》・腰《よう》**　近世の書札礼・辞書類には、「太刀」「刀《かたな》」「脇指《わきざし》」「小太刀」「劔《けん》」「やなぐひ」「胡簶（籙）」を「腰《こし》」で、「太刀《たち》」「御太刀」を「腰《えう》」で、また、「短刀《ちいさがたな》」「脇差」「御征《そ》矢《や》」「靫《うつぼ》」「箙《えびら》」「胡簶」「鞴靫《うつぼ》」「矢籠《やかご》」を「腰《こし》」（無訓）で数えた例がある。刀剣類（長刀・長太刀等を除く）は、一一世紀ころから「一腰《こし》」と数えるようになったらしい。うつ

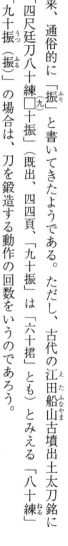

ぼ・えびらなどの弓具は、一足早く腰部に着帯して「一腰《こし》」と数えていた。この用法を介し、腰帯に釣り下げる、また、差し込む刀剣にも「腰《こし》」が用いられるようになったのであろう。正倉院文書はもちろん、『延喜式』には、このような用法はみえない。

**柄《へい》・柄《え》・柄《えだ》**　近世の書札礼・辞書類では、「長刀《なぎなた》」「矛」「鎗」を「一柄《へい》」と数える。「長刀」は「柄《え》」「柄《えだ》」でも数える。「剣《けん》」「短剣《ちいさがたな》」「麾《ざい》」「采幣《さいはい》」「軍配団《ぐんはいうちハ》」なども「柄」（無訓）で数えるという。いずれも細長い取っ手や柄を有する武具である。「柄」は、古来、斧《おの》・手斧《ちような》・鎌《かま》・鈖《なた》・鍬《くわ》・鋤《すき》などにも用いられている。「節刀十柄此中有霊剣二柄歟」（『中右記』一〇九四年〈寛治八〉一一月二日）、「又なぎなた一ゑだゆづり申」（「かたゞのかくあみだ仙譲状写」、一三五八年〈延文三〉二月七日）。

**本《ほん》**　刀飾類では、「柄鮫《さめ》」「小柄《こづか》」「小刀《こがたな》」（『新板用文章』）を数え、また、「鑓《やり》」「鎗《やり》」「矛」「長刀」「箭」を数える。柄鮫とは、刀の柄《つか》に巻くための干した鮫皮《さめがわ》。表面がザラザラしているので戦闘時の滑り止めとなった。小柄は、刀の鞘の副子《そえこ》の櫃にさす小刀。「本《ほん》」は、一般的には、その柄《え》や身の長い武器・旗・ムチ、および、草木類などを数える。かつては、むやみに用いられなかったが、用法は中世から近世にかけて拡大しつつあったようである。

**組《くみ》**　「降緒《さげを》」、また、「道具」を数える。降緒（下緒）は、刀の鞘の栗形《くりがた》を通して垂らし

てお く紐。戦時には上帯にからみ付けるが、平常は二本に折って垂らしておく。

**具**《ぐ》　刀の「目貫《めぬき》」「鉚《めぬき》」を数える。なお、「鐔《つば》」は「枚《まい》」で数える。

**筋**《すじ》　「鑓《やり》」「鎗《やり》」を数える。鉄砲の「火縄《ひなわ》」も「一筋《ひとすじ》」と数える。右には「鑓」「鎗」「矛」「長刀」等を「本《ほん》」で数える。正しくは、鑓は「一筋」と数える。

**挺**《ちょう》　「鐵《てつ》（鉄）炮《ぽう》」、および「墨《すみ》」「蠟燭《ろうそく》」を数える。「廷」「挺」は、古代には「墨」「鐵」などを数え、中世には、鉄砲・鉄の延《の》べ棒、「槍」「蠟燭」を「一挺」・Icchōと数える。「鐵炮《てっほう》」を「一口《こう》」（『万物用文章』）と数えた例もある。

## (2)　弓具・馬具などを数える

**張**《ちょう》**・張**《はり》　近世の書札礼・辞書類では、「弓《ゆみ》」「弦《つる》」を「一張《いっちゃう》」「一張《ひとはり》」と数える。ただし、弦の「一《ヒト》張《ハリ》」とは七筋のこと（木下義俊編『武用弁略《ぶようべんりゃく》』貞享元年序版本）。なお、当時の弓は竹製、弓の弦は、カラムシ（苧麻）の皮からとった繊維を、松ヤニ・油で作ったクスネで撚《よ》り合わせて作る。カラムシは、イラクサ科の多年草で、マオ（真麻・真苧）ともいう。

**桶**《おけ》　弓の「弦《つる》」の二〇筋を「一桶《をけ》」という（『都会節用百家通』）。ただし、『武用弁略』には、「一《ヒト》桶《ヲケ》トハ廿一筋《スヂ》云々」（巻三、15ウ）とある。

**筋**《すじ》　「矢」「的矢《まとや》」「征矢《そや》」「絃《つる》」「弦」を数える。矢は、節間の長いヤダケで作る。征矢《そや》とは、戦闘用の矢。矢の「根矢・クリ矢ナド」は「一筋二筋」、「鴈股・平根・鉾矢」は「一枚二枚」、「征矢一束」は「矢数六ツノ事」という（『武者言葉』言語令）。また、弓の弦の一本は「一筋」、「七筋《すぢ》」を「一張」、二〇筋は「一桶《をけ》」という（『都会節用百家通』）。ただし、『貞丈雑記』も、一桶は「廿一筋」であるという（一五巻上）。

**枝**《し》　「箭《（や）》」の一筋を「一枝《し》」とも「一本《ほん》」ともいう。「枝」は、「簫《せう》」「筆《ふで》」にも用いる。

**手**《て》　射場で用いる「的矢《まとや》」の二筋《すじ》を「一手《（ひとて）》」という。矢ごろ（射止めるのに都合のよい距離）に「一ト手」を用いるところからきたようだが、唐では矢四筋を「一手」という。「（一《ヒトツノ》）手《テ》〈唐矢四／日本二〉」（前田本『温故知新書』ヒ部）。「百手計楊弓候了」（『言継卿記』一五四四年〈天文一三〉三月五日）。なお、「剃刀《かみそり》」の「一つをハ一手《て》共《（とも）》、一刃《じん》共云由《（いうよし）》」。

**箱**《はこ》　「的《まと》」の「組入」を「一箱」と数える（『都会節用百家通』）。「的一箱ト言ハ、五ツノ事、其内ニテ、一番、二番ト言《（いう）》ナリ」（『武者言葉』言語令）。

**穂**《ほ》**・保**《ほ》　近世書札礼では、「空穂《うつほ》」「鞴《うつぼ》」「鞬《うつぼ》」を「一《（ひと）》穂《ほ》」、また、「うつぼ（空穂）」を「一保《ほ》」と数える。佐渡奉行北条新左衛門の『佐渡御用覚書』の内には、「一靫《（うつぼ）》　但矢七本ツ、入　八甫《（はちほ）》」（『御鉄砲御証文之写』、一七一五年〈正徳五〉一一月一一日、『佐渡相川の歴史　資料集七』）とみえる。「保」「甫」は宛字であろう。ただし、『貞丈雑記』は、「一ほ二ほとは不《（いわず）》レ云」（一五巻上）という。うつぼは、武士が矢を入れて腰に帯びる武具である。

そのためか、これを「一　御靫　二十懸／但、黒漆蒔絵御紋付腰帯有」（「御陣屋武具目録」、一七一六年〈享保元〉一一月、同右）と数えた例もある。

「一空穂　三拾穂」（「上田城残置武具渡帳」、一七〇六年〈宝永三〉六月二日、『長野県史 近世史料編 一』）。

**腰**《こし》　「やなぐひ」「胡簶《(簶)》」は「一腰《ひとこし》」と数える。「征矢」「靫《うつぼ》」「箙《えびら》」「胡簶」「鞴靫《うつぼ》」「矢籠《やかご》」は「腰」（無訓）と数える。「靫《(うつぼ)》ヲバ、一ト穂、二タ穂、或ハ一ト腰《(こし)》、二タ腰ト言《(いう)》、箙《(えびら)》ナドモ准《(なずら)》フレ之ニ、口伝《(くでん)》」（『武者言葉』言語令）。

**指**《さし》　「指掛《(ゆがけ)》」「御左ゆかけ《(が)》」「御右ゆかけ」「右掛《(ゆがけ)》」「ゆかけ」「韘《ゆがけ》」を「一指《ひとさし》」と数える。「一《(イチ)》具《グ》」ともいうが、「一《ヒト》手《テ》」とはいわない（『武用弁略』巻四）。ユガケは、弓を握る左手や弦と矢筈を挟む右手などに指《さ》す皮袋で、「一《イチ》具《グ》韘《ユガケ》」「双《モロ》韘《ユガケ》」などという。なお、「籠《こ》手《て》」も「一指《ひとさし》」と数える（塙静枝「文恭公上野御廟御道具」『風俗画報』三一四号、一九〇五年）。

**勾**《く》**・巻**《かん》　古く、弓射の際の鞆《とも》（皼・靬）を、六六四年（天智三）以前とされる木簡《もっかん》に「皼十口」と数え、天平時代の正倉院文書に、「靬壱拾口」「鞆肆拾勾」「靬肆拾巻」と数え

図20　革　箙

た例がある（拙著『木簡と正倉院文書における助数詞の研究』一二三頁）。

**尻**《しり》　「真羽《まはね》」（『都会節用百家通』）・「鷹尾《たかのを》」（『新板用文章』）などを「一尻《ひとしり》」と数える。真羽とは、矢羽《やば》根《ね》に用いる鷲、中でも大鷲の尾羽根をいい、『運歩色葉集』静嘉堂本・『武用弁略』には「真羽《マバ》」と付訓がある。真鳥羽ともいう。鷲に大鳥《おおとり》（大鷲）・小鳥《ことり》（小鷲）があり、前者の尾羽根は一四枚、後者のそれは一二枚、鷹は一〇枚、これを「一尻《シリ》」といい、「十尻《トシリ》」を「一把《ハ》」という（『武用弁略』巻三、『小笠原入道宗賢記』）。「即従《これより》レ是も、真羽十尻、串貝三千、奉レ進二上之一候」（上杉家文書、為直喜四郎より屋形様宛、一六世紀末〈天正ころ〉五月九日）、「染革一枚、羽一尻給候」（「今川満範書状」、禰寝久清宛、〈無年号〉七月一九日）、「雁尾一尻」（『言継卿記』一五五〇年〈天文一九〉二月一三日）。

**鳥**《とり》　鷹の尾羽一〇枚を「一鳥」といい、「鷹尾《たかのを》〈一尻　一尾〉尾羽揃て一鳥といふ」（『新板用文章』、仮に「鳥《とり》」と読む）とみえる。鳥そのものも「其外干舄佰鳥・塩曳鮭百尺、可二備進一也者《てえり》」（「荒木田延明請文案」、一一三〇年〈大治五〉八月二二日）と数える。

**疋**《ひき》**・匹**《ひき》　主に乗馬用の「馬《ムマ》」「竜蹄《りゅうてい》」（馬の美称）を「一疋《ひき》」「一匹《ひき》」と数える。馬具の「切付《きつつけ》」「鞍《くら》」「鐙《あぶみ》」「轡《くつわ》」「鞍覆《くらおほひ》」「馬衣《むまぎぬ》」「馬遷《しりがい》」「馬鎧《むまよろひ》」を「何疋分」ということもある。

**寸**《き》　四尺（定尺）以上の馬の丈《たけ》を計る語で四尺一寸から「一寸《ヒトキ》」。二寸《ふたき》。三寸。（略）七寸《ななき》。八寸《やき》」といい、「八寸ニ余ルヲバ、長《タケ》ニ余ルト云」（『塵添壒嚢鈔《じんてんあいのうしょう》』巻三）とみえ

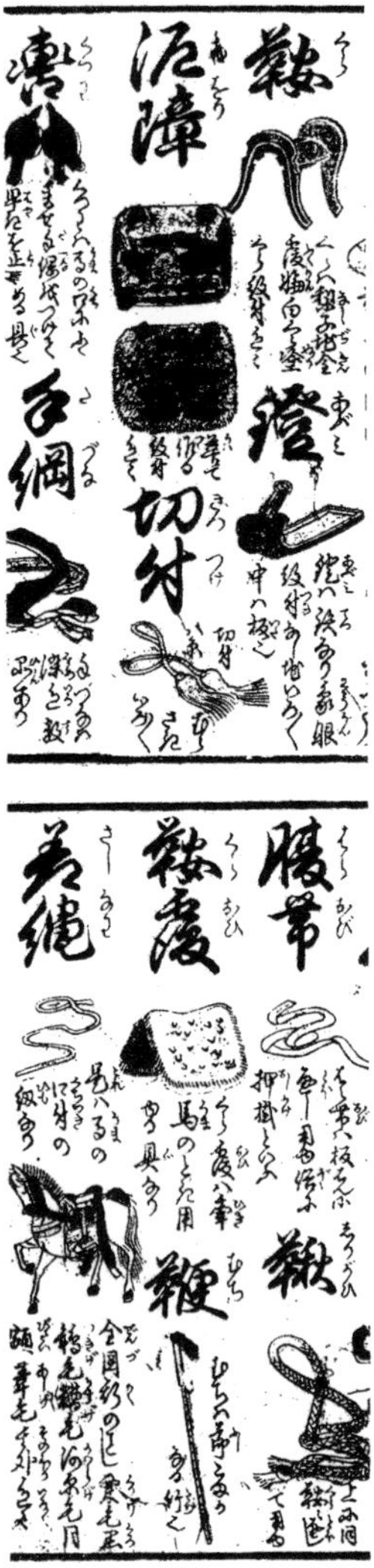
図21　馬具の図（『商売往来絵字引』より）

る。「侍従《じじゅう》ニ遣レ馬、青《あお》四キ、近来之駿馬《しゅんめ》也」（『兼見卿記』一五八三年〈天正一一〉六月五日）。

**皆**《かい》　切付《きつつけ》・鞍《くら》・腹帯《はるび》・鐙《あぶみ》・手綱《たづな》以下の馬具一式（皆具《かいぐ》）を「一皆《かい》」と数える。「鞍《くら》」は「一口《くち》二口」といふ。しバ《(縛)》りたるを一皆《かい》といふ」（『文林節用筆海往来』）という。切付は下鞍。

**口**《くち》　馬具の「鞍《くら》」「切付《きつつけ》」「鐙《あぶミ》」「轡《くつわ》」を「一口《ひとくち》」と数える。ただし、『貞丈雑記』に、「鞍《クラ》古《(一口)》　轡《クツハ》一口とあるを、ひとくちとよむはあしゝ。いつくとよむべし」とあり、太刀・鐘・鈴など「何《いづ》れもいづく《(ママ)》とよむ也」（一五巻上）とある。(1)の「口《く》・口《こう》」参照。

**具**《ぐ》　「切付《きつつけ》」「房《ふさ》」「力革《ちからかハ》」「手綱《たづな》」などの附属物や「馬上《ばしやう》のゆがけ（決拾）」「奉射のゆがけ」「弓懸《ゆがけ》」「御韘《(ゆがけ)》」「行縢《むかばき》」などを「一具《(いちぐ)》」と数える。房・力革も馬具。行縢は狩の際

に足腰を覆う皮。「手綱腹帯五具御返白木二張」（『親元日記』一四六五年〈寛正六〉七月二〇日）。

**刺《さし》・指《さし》**　「あをり《(泥障)》」を「一刺《さし》」（『礼式書札集』）、「一指《さし》」（『万物用文章』『都会節用百家通』）と数える。「一懸《かけ》」「一掛《かけ》」という資料もある。「熊皮障泥一指」（『昭徳院殿御実紀〈続徳川実紀〉』、一八六四年〈元治元〉一二月一三日）。泥障《あおり》は、馬の脇腹に垂らす泥よけの皮のこと、「障泥」とも書く。

**懸《かけ》・掛《かけ》**　「泥障《あをり》」「力革《ちからがハ》」「鞦《おもがい》」「胸懸《むながけ》」「鞦《しりがい》」「大総《をほふさ》」「大形《ぶさ》」「靶《たすけ》」「鐙《あぶみ》」「行縢《むかばき》」「御碟《(ゆがけ)》」という馬具・弓具類を「一懸《ひとかけ》」と数える。同様、「鞍覆《くらおほひ》」「鐙《あぶミ》」「泥障」「力革」「胸《むね》懸《かけ》」「鞦《をもがい》」「大総」「靶」「鞦《しりがい》」「ゆかけ」「押懸」を「一掛《ひとかけ》」と数える。「懸《かけ》」「掛《かけ》」同義であろう。

**足《そく》**　「鐙《あぶみ》」は、「一足《いつそく》」とも「一口《ひとくち》」「一懸《かけ》（掛）」とも数える。

**筋《すじ》**　馬具の「帯《おび》」「腹帯《はるび》」「手綱《たづな》」「しつつな・しづづな」（尻綱）「鞭《むち》」を数える。

**構《かまえ》**　手綱は「一構《(かまへ)》二構」ともいう（『武者言葉』言語令）。

**背《せ》**　馬の鞍は「一口《ひとくち》」とも「一背《ひとせ》」とも数える（『礼式書札集』『万物用文章』）。

**鑣《はみ》**　馬の「轡《くつわ》」を「一鑣《ひとはみ》」と数える。

**間《けん》**　「鼻革《はながハ》」「絆綱《ひきづな》」「はつな」を「一間《いつけん》」と数える。馬の鼻づら・轡に付ける引き綱の類で、『武者言葉』に、「鼻革、鼻縄、一匹分ヲ一間ト言フ也」（言語令）とみえる。「畠山殿より御進上の馬のはな皮十間懸二御目一候」(『宗五大草紙』奏者の事)。

**本**《ほん》　「策《むち》」「鞭《(むち)》」を「一本《いっぽん》」と数える。

**領**《りょう》　「馬鎧《むまよろひ》」を「一領」、「馬衣《むまぎぬ》」(また、「革《かハ》」「手拭《てぬぐひ》」「鳥羽《とりのは》」)を「一枚《まい》」と数える。

図22　甲冑の図(『商売往来絵字引』より)

## (3)　甲冑を数える

**縮**《しゅく》　「兵具」「鎧」を、また、甲冑《かっちゅう》一揃いを「一縮《イッシュク》」という。

**領**《くだり》**・領**《りょう》　「鎧《よろひ》」、また、「具足」を「一領《ひとくだり》」「一領《いちりやう》」と数える。具足《ぐそく》は、甲冑《かっちゅう》に同じ。

**帖**《じょう》　「鎧《よろひ》」を「一帖」と数える(『都会節用百家通』『新増用文章』)。

**頭**《ず》　「冑《かぶと》」を「頭《づ》」で数える(『万物用文章』)。また、「一頭《(いちづ)》」は味方の甲《(かぶと)》に、「一《(ひと)》刎《ハネ》」は敵の甲にいうとする(『礼式書札集』)。

**刎**《はね》　「甲《かぶと》」「冑《かぶと》」「兜《かぶと》」、「頭」を「一刎《ひとはね》」と数える。敵の兜首《かぶとくび》の数え方。「一甲　五刎自身共」(「浅野長晟《あさのながあきら》大坂夏陣軍役判物《はんもつ》」、一六一五年〈慶長二〇〉四月二日、浅野家文書)。

**羽**《はね》　「甲《かぶと》」「冑《(かぶと)》」「兜《(かぶと)》」(味方)を「一羽《ひとはね》」と数える。味方の兜の数え方である。「一、《これもそん》五はね《し申候》甲、付馬よろひ一さけきれ申候」（反町《そりまち》十郎氏蔵色部《いろべ》氏文書「諸道具之覚」、一五九〇年〈天正一八〉一〇月二〇日、井上鋭夫《としお》編『色部史料集』新潟史学会、一一一頁）。

（4）　旗・指物を数える

**旒**《ながれ》　「旗《はた》」を「一旒《ひとながれ》」と数える。中世の辞書類、その他では「一流」とも書く。

**流**《ながれ》**・流**《りゅう》　「旗《はた》」を「一流」（無訓）、また、対象（対象語）不詳のまま「一流《いちりゅう》」と数える。中世の辞書に、旗（招き旗）を「一流《(ひと)ナカレ》」（『いろは字』他）と数える。なお、家系や流派の一流にも用いる。「今日蘇合伝授と云々、故統秋朝臣一流預候間」（一五二八年〈大永八〉二月九日）は雅楽の一流をいう。

**本**《ほん》　「旗」「𢪸旗《こばた》」「捺物《(さしもの)》」を「一本《いっぽん》」と数える。

**面**《めん》　「旗《はた》」を「一面《いちめん》」とも数える（『都会節用百家通』『新増用文章』）。

（5）　軍陣・騎士を数える

**軍**《ぐん》　軍卒の「一万二千五百人」を「一軍《いちぐん》」という（『都会節用百家通』）。

**師**《し》　軍卒の「二千五百人」を「一師《いっし》」という（同右）。

**旅**《りょ》　軍卒・兵の「五百人」を「一旅《いちりょ》」という（同右）。五旅を「一師《いっし》」という（『いろは節用集大成』)。

**隊**《たい》・**隊**《そなえ》・**隊**《むれ》　「軍卒百人」を「一隊《いったい》」(『都会節用百家通』)、また、「兵五十人」を「一隊《いったい》」という。あるいは、「行列」「軍陳(陣)」を「一隊《そなへ》」(『永代節用無尽蔵』)、「部伍」を「一隊《ひとむれ》」(『いろは節用集大成』)と数える。情況によって「隊」の意味・用法は異なるらしい。

**手**《て》　「軍陣」「行列」の「一隊《そなへ》」を「ひとて(一手)」ともいう(『永代節用無尽蔵』)。「身之請取之人数、河治迄二手三手重打着候間」(「上杉謙信書状写」、一五六七年〈永禄一〇〉、『新潟県史研究』二八による)。

**陣**《しきり》　「行列」「雨風」を「一陣《ひとしきり》」と数える。「三シキリ四シキリ雨降、見物之者致「迷惑」候、庭中ニテノ事也」(『泰重卿記』一六一七年〈元和《げんな》三〉二月二八日)。

**騎**《き》　「馬上《バシヤウ》」「馬上士」を「一騎《いっき》二騎」と数える。馬に乗った武士の数え方である。徳川将軍の旗本も、他の侍と違って騎馬で働くので「旗本八万騎」と数える。

## 三　鷹狩りに関する数え方

**聯**《もと》　鷹狩りの「鷹」を「一聯《もと》」と数える。中国唐代の用法が平安時代初期に渡来したのであろう。「白鷹一聯」(敦煌文書「粛州防戍都状」、八・九世紀)とみえ、日本では「鷹五聯。犬六牙」(『三代実録』八八四年〈元慶八〉一二月二日)以下の用例がある。

**連**《もと》　鷹狩りの「鷹」を「一連《もと》」と数える。「聯」字の代用表記に始まるものか。

**居**《もと》**・居**《すえ》　鷹狩りの「鷹《たか》」(一羽)を「一居《もと》」「一居《すえ》」とも数える。鷹を左手にすえたところから「居《すえ》」が、また、義訓として「居《もと》」が始まったらしい。「則大鷹二居拝領候、一居ハ若鷹ニ候、今一居ハ鳫取ニ候」(黒田忠政黒印状写)。『武用弁略《ぶようべんりやく》』巻八にも言及がある。

**本**《ほん》　御内書《ごないしよ》(室町幕府以後、公的な内容をもつ書状形式の文書とされる)で、「大鷹《おほたか》」「鷹《たか》」を「一本《ひともと》」と書くという。天子・公方の御鷹に「本」字を用いるとの説もある。

**双**《もと》**・双**《そう》**・双**《つがい》　鷹狩りの鷹の「二もと」を「二双《(ふた)もと》」と書くことがある(『弓勢為朝往来』)。「一双《いつさう》」「一双《ひとつがひ》」と書いて対象語不詳のものがあるが、鳥獣のつがいをいうのであろう。

**巣**《す》**・窠**《す》　「巣鷹《(すだか)》」を「一巣《(ひとす)》」「一窠《(ひと)す》」と数える。一つの巣にいる「鷹《たか》」の幼鳥(全部)のことである。鷹狩りの鷹は、幼鳥を捕えて飼育し、訓練するのがよいとされる。

**牙**《げ》　「鷹犬《たかいぬ》」「獫《たかいぬ》」、また、「猪《しし》」を「一牙《いちげ》」と数える。鷹狩り用の犬を「一牙」と数える例は、『貞信公記抄』『九暦抄』や『小右記』、その他にある。「勅。弘仁十一年以来。主鷹司鷹飼卅人。犬卅牙食料」(『三代実録』、八八三年〈元慶七〉七月五日)。

**竿**《さお》　鷹狩では、獲物の雉を「鷹《たか》の鳥《とり》」という。他の鳥は「鷹《たか》の鶉《うずら》」「鷹の雲雀《ひばり》」などという。竹を割って挟み、その七羽以上の場合を「一竿《ひとさを》」という。また、「吉田多右衛門家元鷹書」では、鳥掛《とりかけ》といって鳥を青竹に山緒《やまお》のまま掛ける方法があり、雄雉七ツ、また、雌雉五ツを雉一竿といい、担夫《たんぶ》がおれば、一竿に二〇も三〇も掛け持たせると説く。

**串**《くし》　鷹狩りの獲物の鳥・鶉などの七羽未満の場合（七羽以上は一竿）に「一串《ひとくし》」という。なお、「一串」は、串柿・豆腐・干魚・串鮑等にも用いる。

**懸**《かけ》**・掛**《かけ》　「一《ひと》懸〈魚・山鳥・雉〉」（『運歩色葉集』元亀二年本）、「掛鳥《かけとり》一掛」（『新板用文章』）とみえる。山鳥・雉を「一懸《ひとかけ》」「一掛《ひとかけ》」と数えたらしいが、鳥柴《としば》（とりしば・鳥附柴とも）に懸けた鷹狩りの獲物をいうのであろうか。なお、生鯛、鯛、魚も「一懸《ひとかけ》」「一掛《かけ》」と数える。中世ころから多くの例がある。塩鯛二枚、または、生鯛二枚を藁縄《わらなわ》などで結んで釣り下げ、これを懸鯛《かけだい》（掛鯛）一懸（掛）という。今日は、結婚式のような慶事に用いられる。ただし、「於二貴国一、当時、珍物候《ちんぶつにそうろう》鱈三懸、送給候」（竹田勝頼書状、一五八一年（天正九）一一月二二日）、「鮲《いなだ》二懸《かけ》」（『大諸礼集』）などとみえるから、魚種は、本来、鯛ばかりではなかったのであろう。

**番**《つがい》　「鳥の数《かず》」に用いる言葉で、鴨・雉《きじ》・雉子《きじ》・山鳥・白鳥《はくちょう》・鳫《がん》（雁）・鶏・黄鶏《かしわ》・山雉《やまきじ》など、また、「獣」の「二ツ」を「一番《つがひ》」という。「北野に狩つかうまつれる鳥ひとつがひを、右のすけ捧げて」（『源氏物語』藤裏葉）、「御屋形様《おやかたさま》より柳五荷、鳫一つがひ」（『毛利家文書』一五三七年〈天文六〉一二月一日次第）、「水鳥一番一箭《ひとや》ニ射候而《いそうらいて》帰候」（『上井覚《うわいかく》兼《けん》日記』一五八五年〈天正一三〉一月一二日）など、単に鳥の二羽を一番といったようだが、この時代には、鳥の「雌雄合せて」一番《つがい》と書き、「祝言《しゅうげん》の時に限《かぎり》て用《もち》ふ。常にハ一羽《ハ》二羽といふ」（『御家書札大成』、その他）ともみえる。鳥の二羽を「一双」ともいう。

なお、組《くみ》や対《つい》をつくって交替で勤務するときの番数は「一番《バン》」と音読する。

**羽《は》・翅《し》**　「羽《は》」は、鳥の数を数える。「翅《し》」も諸鳥《しょちょう》、鳥を数えるとするが（『新板用文章』『いろは節用集大成』）、古い典拠ある用法であろう。「一　書札に鷹一ワ二ワ共可レ書候哉、書札ニ鷹一ワ二ワと認候事勿論也、一ワ二ワと被レ書候ても不レ苦候歟」（「書札認様少々」蜷川家文書、慶長ころ三月二〇日）。鳥の一羽を「一隻《いっせき》」ともいう。

**翼《は》・翼《よく》**　鳥を「一翼《ひとは》」（『いろは節用集大成』『日葡辞書』）、「一翼《ハネ》」（『雲州往来』享禄本、ロドリゲス著『日本大文典』）とも「一翼《よく》」とも数える。

**耳《みみ》**　鷹狩りの獲物のウサギの数え方といい、例えば、書札礼を説く『大諸札集』に、「一兎《うさぎ》ハ一耳《み、》二耳《み、》　一疋《ひき》二疋とハ悪《あし》し。ただし一耳《ミ、》とハ二つの事也。一つをバ片耳《かたみ、》と書《かく》なり。一つ二つとハくるしからず候。書《かく》べきなり」とある。後述。

なお、以上に関連し、狩猟の獲物の数え方に「疋《ひき》」「頭《かしら》」「蹄《てい》」がある。

**疋《ひき》**　牛、鹿、猪《しし》、猫、犬、兎、獫《たかいぬ》、また、（乗馬用の）馬《むま》などを数える。

**頭《かしら》**　鹿・野猪・猪・牛・馬、また、鳥を「一頭《かしら》」と数える。

**蹄**《てい》「鹿《しか》　野猪《ゐのしし》〈一蹄／一頭〉」とみえる（『新板用文章』）。中国古代の『史記』に「牧馬二百蹄」とあるが、これはその五〇疋をいう。『物数称謂』（岡田挺之編）は、「舜水文集ニ鹿肉一肩、又鹿肉一蹄」と引く。

鷹狩りに関する助数詞の詳細については、拙稿「鷹を数える助数詞」（『国語文字史の研究　四』一九九八年）を参照頂きたい。

## 「つ」と数えること

### 「数」を書く場合

右に、衣服類以下に様々な数え方があることをみてきた。この他にも状況や場面によって数え方（助数詞）を異にすることがある。その一端は先にも触れたが、改めて、書札礼によれば、目録や書状類に進物の「数《かず》」を書く場合、次のように書きなさいとある。今、『文林節用筆海往来《ぶんりんせつようひつかいおうらい》』（一七一九年〈享保四〉、他）から引用する。

鳥の数一番《かずひとつがひ》と書《（かく）》。祝言《しうげん》の時《とき》に用《（もち）》ゆ。常《（つね）》ハ一二《ひとつふたつ》と書《（かく）》べし。
小袖《こそで》ハ一重二重《ひとかさねふたかさね》と書《（かく）》べし。其外《（そのほか）》あるひハ袷《あハせ》一二と書《（かく）》べし。
鯉《こひ》。鮒《ふな》。鯛類《たひのるい》ハ　一つ二つ。ツの字書くべからず。
密柑《ミかん》一折《をり》百など、　一折と書《（かき）》て数《かず》を書べからず。若進物《もししんもつ》預リ手形ならバ　各別なり。

絹壱巻《きぬひとまき》　肴弐種《さかなにしゅ》など、書べからず。一巻二種と書べし。証文手形《せうもんてがた》等ハ　字形《じきやう》書直《かきなを》させじとて壱弐参の字を用ゆ。書状にハ用ざる字也。

これらを整理すれば、次のようになる。

A　助数詞を用いないで、単に数詞だけを「一」「二」と書きなさい。ただし、「一《ひと》番《つがひ》」「一重二重《ひとかさねふたかさね》」など、状況によっては助数詞を用いる。

B　「一」「二」と書いても、数字は、「ひとつ」「ふたつ」と読みなさい、しかし、「つ」の字は書いてはならない。

C　蜜柑など「一折百」と書かず、「一折」とだけ書きなさい。

D　一般の書状には、「絹一巻・肴二種」と書く。証文・手形等には「壱・弐・参」の字を用いる。

Aの点は、助数詞を用いないことを説く。戦場で討ち取った敵の首も「首壱柳生七郎関甚平討捕之《(これをうちとる)》」と書く（『礼式書札集《れいしきしょさつしゅう》』）。これは「首注文」の作法であり、「壱」は「ひとつ」と読む。このような助数詞を添えない書き方は、一般の古文書の場合と相異する。しかし、中国古代の文体には、積極的に助数詞（量詞）を用いる分野と、それを用いない分野との二様のあることにつき、別に述べた。今の場合は、その後者と関係するものらしい。つまり、江戸時代以前――いや、近代に入っても――における文章は、正格の漢文を志向し、これを正式の文体とした。日本人の学んだ漢詩文、四書五経や漢訳仏典等のほとんどは、基本的には「一馬」「二騎」「牛三」「喪車五百」のような、数詞が名詞に直接する形式を用いて助数詞（量詞）を用いない文体が用いられている。日本の漢詩・漢文は、これにならったものであるから、同様、助数詞の使用をよしとしなかったのであろう。

ただし、例外があり、小袖（重小袖《かさねこそで》）のような衣服には「一重《ひとかさね》」、また、祝言のような場合には「一番《ひとつがひ》」と、ことさら助数詞を用いることもあった。「蜜柑一折」、「絹一巻・肴二種」などの助数詞も、意味上の混乱を避けるためには——これこそが助数詞というものの本来的使命であるが——、やむ得ないものであったのであろう。

書状類や願文類も、古文書学の研究対象とされる諸文書様式の内の一つとして位置付けられている。古文書類は、漢文訓読語・記録語・和文語などがそうであるように、おのずから古文書独自の言語世界を有するのであるが、しかし、これらの場合、一般的な古文書の言葉遣いと相異することがある。その最も特徴的な事例が強調表現であるが、今の助数詞用法、すなわち、数量表現に関しても同様のことがいえそうである。

Bの点は、その「一」「二」を「ひとつ」「ふたつ」と読むことをいう。これは、「ひとつ」「ふたつ」という言葉が広く一般的なものの言い方であるのに対して、「イチ」「ニ」という字音語が算用《さんよう》（勘定）用語と認識されていたからではなかろうか。進物を贈る相手によっては、この勘定めいた表現が忌避されたのであろう。Cもそれであり、責任の問われるような書類なら別だが、ふつうの書状では「蜜柑一折」と書き、その実数は書かない。この条につき、『都会節用百家通』では「蜜柑《みかん》一折百など、数《かず》を書《かく》べからず。たゞ一折にて宜《よろ》し。請取預り手形《てがた》のやうにて見苦《みぐる》し」となっており、「松茸一籠五十など数書べからず。一折にてもよし。礼《れい》にハ夥敷《をびたゞしく》など書べし」ともみえる。貴人に対しては、また、相手との心理的距離が近ければ近いほど、くだくだしい数量表現は逆効果となる。Dの「壱・弐・参」も、いわば証文・手形用語であるから、進物の折紙などに用いるのは避ける。

また、「つ」の文字は書かないというが、本来の漢字ばかりの書状では、それがたとい日本製漢文であっても、仮名の文字など交えようがない。だが、やがて、仮名交じり文が普及してくるにつれ、「つ」を交用することも始まったのであろう。

頸一ツ討捕之事、神妙……（「武田晴信感状《かんじょう》写」、一五四二年〈天文一一〉九月二五日）

乱舞之衆へ小袖一ツ宛各遣ㇾ之云々（『兼見卿記』、一五八一年〈天正九〉三月二九日）

……ミヤゲドモ給《(たまはりをはんぬ)》了、倉部錫《(すず)》一ツイ《(対)》鴈《(がん)》一ツ、冷へ鴈一ツ、スヾ《(錫)》一ツイ、四条鴈一《(ひとつ)》、同女中スヾ一ツイ等也、（『言経卿記《ときつねきょうき》』一六〇七年〈慶長一二〉正月五日）

しかし、規範意識そのものは保たれており、それがBのような指導となるのであろう。

なお、文書における箇条書（一書《ひとつがき》）の際の「一」字も決して「イチ」とは読まない。それは、ものを数える数《かず》を示したものではないからである。個々の問題をそれぞれひとまとまりのものとして卓立的に打ち出すための言葉であるから、これを「ひとつ」と読む。

## 展開しつづける言葉

以上に、簡略ながら近世の数え方をみてきた。これを、今日の生活にそのまま用いるようなことは必要ない。しかし、日本文化をみつめ、あるいは、古典作品を味わい、古文書をひもとくような場合には、まず、必須の素養・知識となろう。

また、近世の数え方とはいえ、そこには中世以前の言葉も内在する。同様に、我々の生きている現代語には、前代までの言葉も内包されていよう。現代語と思いきや、実は、それは前代語の名残であったり、あるいは、次代語であったりする。どの時代も、前代からの流れをうけながら次代に向かって展開しつつある、その途中でしかない。この意味でも、近世の言葉は、決して過去のものではない。

言葉は、時代性ばかりではない、〝土地〟とも密接な関係がある。右には江戸・大坂を中心にみてきたが、〝数え方〟についても土地・地方についての配慮が必要である。そうした配慮により、これからの〝数え方〟研究は、格段と面白くなっていくであろう。言葉について、その年代性や地域性を問うことは、とりわけて重要な問題である。

# 注意される数え方

# イカ一盃とウサギ一耳

## 一　魚介類の数え方

時代は移り、生活も変わる。人々の感じ方・考え方は推移し、言葉も変化していく。ものごとの数え方（助数詞）についても、古いものは影をひそめ、新しいものが登場してくる。そうした中から、今日、わかりにくくなった、だが、注意される数え方について考えたい。

### サカナを「一隻二隻」と数えること

日本は海洋資源に恵まれているから、魚類の数え方には様々なものがある。その内、やや耳なれないものに「一隻《いっせき》二隻」という数え方がある。中古・中世にも及んでいるが、もとを正せば、中国古代の鳥一羽を数える言葉であった。が、その後、わが国にも伝えられ、律令《りつりょう》時代（八世紀）には基本的な数え方の一つとなっていた。当時の木簡《もっかん》から例を引く。

・越中国羽咋郡　中男作物　鯖壱伯隻
・　　天平十八年〈広椅／「大庭」〉
（『平城宮木簡一』三五七、SK八二〇土壙、161・20・4　6031）

伊予国風早郡　中男作物　旧鯖弐伯隻　載レ籠
（『平城宮木簡一』三六一、SK八二〇土壙、161・20・4　6031）

右は、賦役令《ふやくりょう》に規定のある中男《ちゅうなん》作物として、越中国羽咋《はくい》郡、伊予国風早《かざはや》郡から貢進した塩鯖の付札である。天平一八年は西暦七四六年。ともに木簡両端の左右に切り込みが入

図23　『平城宮木簡』357号（奈良文化財研究所所蔵）

ったもので、荷札用によくみられる形式で、表面は「国・郡名＋中男作物＋(旧)鯖＋数量〈大字〉」と同じ構文となっている。これは中央から全国に下達された書式によったものである。大字や助数詞「隻」の用法についても、中央で決められた統一的な様式があったのであろう。こうした書式や助数詞「隻」の用法などは、少なくとも七世紀末には定まっていたかと推察される。

・信濃国埴科郡　鮭御贄卅六隻」
・□
（二条大路木簡、東西溝SD五一〇〇、207·25·3 032 UO23.）

因幡国進上　鮮鮭　御贄壱隻」〈雄栖〉　天平八年十月
（二条大路木簡、東西溝SD五三〇〇、203·23·6 031 JD18.）

前者は、『平城宮発掘調査出土木簡概報（二二）』、後者は、『同概報（二四・二九）』による。やはり書式に基づく書き方で、信濃国埴科郡《はにしな》・因幡国《いなば》の進上する御贄《みにえ》の鮭の付札である。

助数詞「隻」は、この他、官から支給された魚、支出帳簿の魚などにも用いられ、また、「・西店交易近志《このし》／・呂《ろ》五百隻」〈十二月／□〉」（長屋王家木簡、南北溝SD四七五〇）、「・東市買進上物　雉一翼　鮮鮭十隻」　螺廿貝　右物付二倭／・麻呂一進上如レ前　天平八年十一月廿五日下村大魚」（二条大路木簡、東西溝SD五一〇〇）のように、要請によって市場で調達した魚を進上する文書などにもみえる。「交易」は、物々交換をいう。

八世紀の、特に公的な文書においては、この助数詞「隻」を使うことになっていたようだが、助数詞「隻」で数える魚種は、(a)「アジ（鯵・阿治魚）・イワシ・小イワシ・アユ・イカ（伊加）・カマル（賀麻流）・セヒ（世比）・コノシロ（近志呂）・サケ〈雌・雄〉・サバ・スズキ（須々伎魚）・大タイ（大鯛・多比）・ナヨシ（名吉魚）・フナ（鮒）」であり、(b)加工品であることを示す文字を冠したものに、「カツオ（堅魚）・鮨アユ・煮塩アユ・焼エビ・蒸エビ・旧サバ・塩サバ・醤タイ・鮨フナ」がある。(a)群は鮮魚をいうが、なかには(b)群に入るものが混じっているかもしれない。それがどんな魚をいうのか明瞭でないものもある。魚の大小や加工の有無を問わず、海産と淡水産とを問わず、広く「隻」は用いら

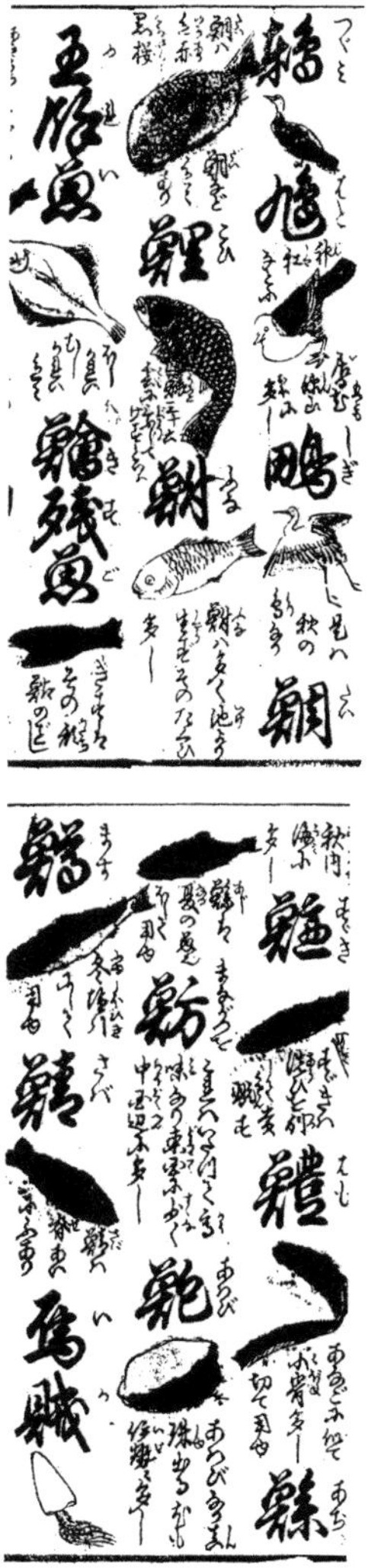

図24　魚介類の図（『商売往来絵字引』より）

れている。

右に続き、平安時代の『延喜式《えんぎしき》』では、助数詞「隻」は、「鮭・生鮭・内子鮭・鯛塩作・甘塩鯛・干鯛・干鯵・大鯖・鯖・鯉魚・鯉鮒の類・腹赤」、及び、「金鮒形」（工作物）などに用いられている。魚種に偏りはないようである。

弟子受二師語一、至二於紀伊国海辺一、買二鮮鯔八隻一、納二小櫃一而帰上。

（『日本霊異記』、下－六、底本は真福寺本で語釈に「鯔名吉」）

前田本は、本文を「鮮鱶」とし、これを「サハ（バ）」と読ませている。「名吉」はナヨシ、ボラ科のボラの幼名イナ（体長三〇センチくらいまで）の別称で、沿岸部・河口部などに棲息する。弟子が師の意を受け、その幼魚八匹を吉野から紀州の海浜まで買いに行き、小櫃に入れて持ち帰ったという。後にこれは「法花経《ほけきょう》八巻」に化するから、旁《つくり》が同じで音が「緇《し》」（墨染めの衣）に通じる「鯔」字を用いたものらしい。この魚は、すでに奈良時代にはよく食されており、長屋王家木簡に「鮒魚卅三　名吉魚三」とみえ、『日本書紀』（神代・下）や『土左日記』などにもみえる。『倭名類聚抄《わみょうるいじゅしょう》』に「遊仙窟云　東海鯔条〈鯔読二奈与之一条／読見二飲食部一〉」（道円本、一九巻）、『節用集』弘治二年本に「鯔《ナヨシ》　名吉《同》」とある。

送二鵄一翼幷家池鯉二隻一

（『九暦逸文』九五〇年〈天暦四〉五月二四日）

往年。有レ人。送二鮒魚数隻一。其中有二生鱗一隻一。

（『日本往生極楽記』）

村上御記云、（略）又以所（次カ）二求得一大銅（金カ）魚形二隻（略）金銀銅魚符契合　九隻（略）銅魚形卅余枚、合レ前物七十四枚（略）（『小右記』一〇〇五年〈寛弘二〉一一月一七日条）

これは、「村上天皇宸記《しんき》」として『歴代残闕日記《れきだいざんけつにっき》』にもみえる。

人別白米三斗・干魚卅隻

（『小右記』一〇一九年〈寛仁三〉八月一〇～一三日条裏、七月一三日条に掲出）

進上／鯛伍拾隻／右件鯛、所二進上一如レ件（略）

（「鯛送状」、一〇三五年〈長元八〉七月一日、『平安遺文』二）

進上／　生鯛　二十隻（喉カ）／　毛鳥一　羽／　酢　二筒／（略）

（「鳥取某生鯛等送状」一一五六年〈保元元〉一二月一日、傍注ママ、『平安遺文』六）

今日和泉左衛門尉国尚　志鯛一隻、昨日自二江州一上洛、土産由歟、一隻進二大方一云々、

（『師守記』一三六二年〈貞治元〉一一月五日）

この他、『安東郡専当沙汰文』には、「生鯛三隻」「大魚一隻〈若無二大魚一者ワラサ二隻／計歟。（略）〉」「名吉十五隻計」「干名吉一隻」とみえ、『実隆公記』にも「鮭・塩引・鰤・鯉」を対象として「隻」が用いられている。中世も後半になると用例が減り、同時に、どちらかといえば、大きめの魚（大形・中形）に偏っているようにみえる。

律令国家樹立のためには文書行政を確立しなければならない。その文書行政を確立・完備するため、計量表現（助数詞）は、中国当代（唐）に通行しているそれ（量詞）を導入したはずである。助数詞「隻」も、その一つであった。とすれば、当初、この助数詞の発音は唐代通行の字音「隻《せき》」（漢音）であったと推考される。中世の節用集には「一隻《せき》魚」（弘治二年〈一五五六〉本・天正一八年〈一五九〇〉本）との付訓・用法を示すものがある。

**サカナを「一尺二尺」と数えること**

「隻」という文字そのものは、より古くから朝鮮半島経由で伝えられており、その発音は「隻《しゃく》」（呉音）であった。『万葉集』などの仮名用法によれば、数詞も「一《いち》・二《に》……六《ろく》……八《はち》・九《く》・十《じふ》……廿《にじふ》……」と呉音で発音されていたようだから、新参の助数詞「隻《せき》」は居心地《いごこち》があまりよくなかったであろう。やがて、この助数詞は旧来の字音を流用して「隻《しゃく》」と読まれるようになり、これは、さらに字画の少ない「尺」字を借りて「一尺《しゃく》二尺……」と書かれるようになったらしい。「隻」の異体字に、「隹」の下に「尺」「反」を書くものがある。これらも何らかの影響を及ぼしているのかもしれない。

「尺」の用例は、院政時代ころから中世・近世にかけて次のようにみえる。

其外干鴒佰鳥・塩曳鮭百尺備進也者

（「荒木田延明請文案」一一三〇年〈大治五〉八月二二日、『平安遺文』五）

一　越中国奈古浦
□《和カ》布十五反、鮨桶六口、平割鮭十五尺、／貢レ神鮭七十五尺〈貢レ神之後、以
(略)〉、人料鮭随レ漁得レ之、
一　越後曾平
御佃地同越中国、貢レ神鮭二百二十尺、人料鮭随レ漁得レ之、／(類例、略)
(「越前気比宮政所作田所当米等注進状」一二一二年〈建暦二〉九月日、『鎌倉遺文』四)
抑乏少雖二令レ憚候一、兎一・塩引二尺・荒巻三たら進レ之候、
(「能延書状」年次未詳〈一六世紀前半か〉、一二月二〇日)
わかさのいよりかれい《嘉例》のさけ《鮭》一しやくまいる、
(『お湯殿の上の日記』一五五九年〈永禄二〉一二月二一日)
為二音信一雪魚二尺到来、悦入候、
(「大友宗麟書状」宗叱宛、一六世紀後半か〈天正ころか〉一一月八日)

右は西日本文化協会『福岡県史』所収の嶋井文書による。同文書には、「為二音信一生雪魚五尺到来候」(「大友宗麟朱印状」宗叱宛、一二月二七日)、「預示、殊更新鮭壱尺贈給」(「阿倍正之書状」八月二三日)、「一十二月廿七日宗麟様江生魚五尺進上仕候処」(「嶋井氏年録」天正三乙亥年条)のようにもみえている。「雪魚」は、タラ。また、野村家文書には「次鮭一尺

進レ之候」（「黒田孝政書状」九月一〇日）とみえる。いずれも年次未詳だが〈天正ころか〉、日常的に「尺」と記していたらしい。

為二音信一鮭三尺到来候、

（「秀吉朱印状」亀井琉球守宛、一五八五年〈天正一三〉カ一一月一五日）

○　差上仙台子こもり鮭　十尺の内

（東京・汐留遺跡出土木簡、江戸時代、136·18·3 011.『木簡研究』二二号）

この他、『宇治拾遺物語《うじしゅういものがたり》』に「腰に鮭の一二尺なきやうはありなんや」とみえ、『山科《やましな》家礼記《けらいき》』には「鱈二、鮑（ママ）一尺」（一四七七年〈文明九〉正月二日）、『いろは字』（一五五九年〈永禄二〉）という辞書には「一尺《シヤク「セキ」》〈十寸也　又一ツノ義也／鮎鮭鮒《アユサケフナ》ニ云〉」とみえる。また、『実隆公記《さねたかこうき》』には「魚・塩引・鮭・鮭魚・鰤・赤魚・圭魚」を、江戸時代の『都会節用百《とかいせつようひやっ》家通《かつう》』には「鰤《ぶり》・鱧《はも》・鰻《うなぎ》・鱈《たら》・鱒《ます》・鰆《さわら》・干鮭《からざけ》・鮭《さけ》・青箭魚《さごし》」を対象としてそれぞれ「尺《しやく》」が用いられている。時代が下ると対象魚種も減るようであり、「鮭」だけをあげる書札礼もある。これは、サケが進物の代表格であったせいもあろう。

なお、『日葡辞書《にっぽじしょ》』には「タラ・サケ・サケノイヲ」を、ロドリゲス『日本大文典』には「サケ・タラ」を「シヤク」で数える。時代からして、漢字に直せば「尺」であろう。

伊勢貞丈は、鮭・鱈に「一尺二尺と云《いふ》いはれ、つまびらかならず。一尺以上の魚の大なるをバ一尺二尺といふ歟」(『貞丈雑記《ていじようざつき》』一五巻上)というが、この助数詞は長さの単位「尺」とは、本来、関わりないものである。また、「尺」は「隻」の借音という考え方を否定し、「隻の字はかた〳〵とよむ字にて、一隻といふハ一ツの事也。鮭にかぎりて一隻といふワけもなし」、「鮭も鱈も奥州より出る魚也。かの国の詞にて、すべて魚を一尺二尺といひ習ハして」いた、その「奥州の国詞《くにことば》」が他国に伝播したと説く。誤解であろう。なお、助数詞の「隻《せき》」が「隻《しやく》」となり、これが「尺《しやく》」と変化する。この変化は、その魚を数える用法に限られ、他方の鳥や金具、槽・船舶などを数える場合は関わりない。言葉の上では同一の助数詞「隻《せき》」ではあったが、用法により、その後の変化は異なる。

## サカナを「一喉二喉、いっこん にこん」と数えること

魚類を「喉」で数える場合については先にも触れた(八九頁以下)。中世以降の辞書類には「一喉《コウ》」「一喉《コン》」の両形がみえ、近世の往来物・書札礼などでは、規範意識の表れでもあろうか、ほぼ「喉《コウ》」とある。この助数詞につき、長節子氏「中世の魚の助数詞「こん」の消長」(『「鎌倉遺文」月報』34、一九八七年八月)では、一二七九年(弘安二)の安倍文書以下の古文書や古辞書類に魚を対象とする「こん」「喉」の用例がみえること、一五世紀後半くらいまでは魚の種類や大きさに関係なく、しかし、一六世紀になると大きな魚(タイ・スズキ・マス・ブリ・カツオ)を数えるときにこれを用いた、この助数詞は、今でも方

言に生きている、だが、その地方・年齢層は狭まりつつある、と述べられる。

右に、もう少し早い例として次がある。

白干《しらほし》のたい百こん夏分《なつのふん》(甘塩)あましをのたい百こん冬分《ふゆのふん》

（「伊予弓削嶋年貢注文〇東寺百合文書と」、一二三九年〈延応元〉一二月日、『鎌倉遺文』八）

魚六百五十侯　代銭二貫百文

（「伊予弓削荘年々運上物所下散用注文〇東寺百合文書お」、一二四三年〈寛元元〉四月二三日、『鎌倉遺文』補遺三）

後者は、筆具合によっては「隻」「侯」いずれかと迷い、先入観によって「隻」と翻字することもあるかもしれない。『延喜式』国立歴史民族博物館蔵本は近世初期の写本であるが、建治二年（一二七六）奥書本に近い良質の写本とされる。これに「針卅。侯〔上〕〈以二侯《を》充一両〉」（巻一五）とみえる。針の助数詞「隻」（喉内入声字）が「侯」と解されている例である。また、『古今著聞集《ここんちょもんじゅう》』には古写本がないが、浦人が「三喉」の「人魚」を捕え、「一喉」を残し「二喉」を平忠盛に献ずる話がある（巻二〇）。この「喉」字三例につき、宮内庁書陵部蔵㈠本は「侯」、学習院図書館蔵本は「喉」と書いている。

いお　一日へち五こん

（「紀伊阿氏荘々官得分注文案」、一二六四年〈文永元〉一〇月、『鎌倉遺文』一二）

一　月別ニたい三こん、おか新羅《しら》壱尺、惣百姓之弁、

（「若狭志積浦年貢魚等注進状案」、一二七九年〈弘安二〉三月日、『鎌倉遺文』一八）

一　請下以二凡絹一疋一宛二鮭五焦《喉カ》一弁中済納官封家済物上事

（『勘仲記』一二八〇年〈弘安三〉七月二三日、『史料大成』二、二〇四頁）

転写時の筆であろうか、「焦」字の右傍に「喉カ」とある。類例もみえるが、当初は「隻」とあったのであろう。「焦」が「隻」に復されず、「喉カ」と注記されたところに、「隻」が忘れられ、「喉」が優勢となっていたことがわかる。次も「隻」とあったものであろう。

一　節料名吉拾参侯

（「伊勢大国荘済物注文」、一三〇七年〈徳治二〉五月、『鎌倉遺文』三〇）

ふゐん十二こん、左ニ六こん、／右ニ六こん、代用途六百文、／ますのいほ八こん、
左ニ四こん、／右ニ四こん、　代用途八百文、

（「杵築大社三月会舞方用途注文」、一五世紀カ、出雲大社上官家富家伝来文書）

「左・右」は、唐楽の左方舞楽、高麗楽《こまがく》の右方舞楽、「ぶゐん」は塩を用いない生の魚。

蠣螺十五喉・鰯一裏・紙二帖・（略）・小鯛十五喉（略）

（『教言卿記《のりときききょうき》』一四〇六年〈応永一三〉一二月三日）

上様へ河魚。〈鯉。鱸八喉。〉紫笋二束。南御方進レ之。
（『看聞御記《かんもんぎょき》』、一四三四年〈永享六〉五月四日）

次下総守業賢朝臣昨日枝賢衣文礼申候、并鮒十喉壺送候了
（『言継卿記』一五三六年〈天文五〉二月二二日）

御屋形様より鱈五こん、鴈三つ、
（「毛利隆元山口滞留日記」〈天文六年一二月一日次第日記〉、毛利家文書二）

別に、「鮒十こん《（喉）》」「麻生殿御一こん《（献）》」などともみえる。

さかな三こん、ミやけニたる一か・にし十五くし・かき一束
（『山科家礼記』一四六三年〈寛正四〉正月一九日）

仮名書き例が多く、「喉」は「鮒」を、「こん」は「ゑそ・ゑひ《（えび）》・さかな・ふな・フナノスシ・すゝ《（ず）》き・いわし」、また、「つく《（ぐ）》ミ」を対象として、それぞれ用いられている。

従二条前関白《（昭実）》殿鰤魚一喉被レ下レ之、
（『慶長日件録』一六〇七年〈慶長一二〉一二月二九日）

別に、「台山《彦》之著木一箱并鱸鯇《（誤脱アルカ）》給レ之」（慶長一五年八月九日）ともみえる。

予諸白樽壱荷・ぶり壱こん・昆布三束・盃之台物壱ツ、進上也
（『泰重卿記』慶長二〇年二月二七日）

一十二月廿七日宗麟様江生魚五尺進上仕候処（略）、三郎兵衛殿自分ゟ鮮魚二口給候
（「嶋井氏年録」、天正三乙亥年条）

「喉《こう》」の宛字とも、「口《こう》」という新しく派生した助数詞とも考えられる。『女用文通宝字鑑』（一八一五年〈文化一二〉、森屋治兵衛板）にも「鯉《こい》三口御酒一樽《そん》候」（頭書）とみえる。『増補詳註用文章』（一八七〇年〈明治三〉刊）に「鯉《こひ》二献《にこん》」（頭書）とみえるのは「一喉《こん》」の意であろうか。「一献肴《こんサカナ》」（『永代重宝記』一七八七年〈天明七〉刊）の類は別である。

この他、『平治物語』『虎明本《とらあきらぼん》狂言』『お湯殿の上の日記』や「浄瑠璃」台本などにも関連する用例はみえるが、省略する。

## 「喉」の出どころ

ところで、この助数詞「喉《こん》」は、中国語出自ではなさそうである。いつ、どのようなところから出てきたのであろうか。用例の多いのは中世、近世であり、目下、右の東寺百合《ひゃくごう》文書（伊予弓削）・安倍文書あたりが初出例となる。従って、この時分、先行する何かに導かれて「喉」が生れたと考えられる。その過程につき、古代の「一口《く》」が「一口《こう》」と転じた後、音符が添えられて「一喉《こう》」となり、次いで「一喉《こん》」と変化したという考え方も可能だが、これは、増画に伴う負担が大き過ぎよう。

一方、「後世、魚の場合に限って『喉』というのは、『隻』の異体字が『侯』の如く書かれるところから、コウの音を生じ、更に音便によってコンとなり、文字も口偏を添えるに至

ったものであろう」と説かれ、行誉撰述『壒嚢抄《あいのうしょう》』（文安二、三年）に「魚ノ一コント云ハ何ノ字ソ、一喉ト書也、コウヲコントヨム類ヒ多シ（略）」（巻一・59項）とあるのを参照せよとされる（『日本古典文学大系　今昔物語集三』の頭注、一二〇頁）。『増補　俚言集覧《りげんしゅうらん》』にも「一喉《イッコウ》」の次に「一侯　魚を一侯と云本一隻の誤なるべし」とある（一九七八年、名著刊行会）。「隻」の筆写体からすれば、また、「口」偏を添えることが可能なら、右に従ってよさそうである。

これは書記言語の世界で生じた変化であるが、以後、「喉《こん》」は口語世界にも流布していく。魚のタイ・スズキ・フナなどは、顎の骨を大きく開き、水と一緒に餌を吸い込む。その直後、水だけをエラブタから放出する。これらを「喉《こん》」で数えても違和感はない。ただし、この「喉《こん》」は魚の場合に限らず、貝の「蠣螺」（『教言卿記』）や鳥の「つぐミ（鶫）」（『山科家礼記』）に用いられた例もある。平山輝男氏編『現代日本語方言大辞典』（一九九二年、明治書院刊）によれば、広島方言に「イッコン」は「鶏、牛なども、こう数えることがある」（第一巻、四三五頁）とある。より詳しくは、西林源次郎氏（の手記の抜抄）「広島県安芸郡倉橋島方言」（『方言』創刊号、一九三一年九月）に、「イッコン　一尾、一頭／○魚にも獣などにもいふ」と見え、広島大学方言研究ゼミナール編『方言資料叢刊』第六巻（特集「方言助数詞の研究」、一九九六年）に、広島県安芸郡倉橋町室尾《あきぐんくらはしちょうむろお》方言（話者は一九二三年〈大正一二〉生・男性）に、犬・熊・兎・鶏・オタマジャクシ・トカゲ・烏賊《いか》・蛸《たこ》を「イッコン　ニコン……」と数えると報告されている［本書の地名は市町村合併前のものとする］。

土井忠生氏「易林本節用集所収語二三」（『「天理図書館善本叢書」月報14』一九七四年一月）では、易林本の「一献《コン》肴　一喉《コン》魚コウ」（伊部、言語）が『運歩色葉集』の記述を承《う》けついでおり、「一喉」の字音として、「イッコウが本来の語形であるけれども、一献の語が酒の肴を意味するものとして理解される傾向が強まるに従って、元来ウはンに変り易い発音である上に、『一献《イッコン》』への語義上の連想がはたらいて、語形もイッコンにひかれて変化するに至ったものと思われる」とされる。但し、「一喉」の出現事情についての説明はない。

魚を数える「こん」は、右『現代日本語方言大辞典』（第一巻、四三五頁）によれば、広島・油木・福岡・佐賀・長崎・大分・甑《こしき》の方言にみられ、油木・佐賀では大きい魚をいうとある。肥前五島にも「イッコン　魚一尾」とみえる（橋浦泰雄氏「肥前五島方言集」〈『方言』第一巻第二号、一九三一年一〇月〉）。山口県東北部の都濃《つの》郡鹿野町では、「にぼし」の個々をこれで数え（前掲『方言資料叢刊』第六巻、中川健次郎氏による）、島根県鹿足《かのあし》郡《ぐん》六日市町田野原で採録された子守歌「猿が三匹」では「いわしをいっこんこうて　たべたらば」と歌い（酒井董美・尾原昭夫著『日本わらべ歌全集20下　島根のわらべ歌』〈一九八四年、柳原書店〉）、同県益田市乙子町《おとこちよう》に伝わる民話「比礼振山《ひれふりやま》の石清水《いわしみず》」には「鰯《(いわし)》が三ゴン」と出てくる（島根大学昔話研究会・田中瑩一氏編『島根県益田市民話集』〈一九九一年〉、話者篠原武雄氏）。同県大原郡木次町《きすき》では、鮒より小さい魚（川魚）を「コン」で数えるといい（一九九八年一一月、水谷信明氏による）、東部の安来市《やすぎ》（明治町）でも「イッコン」との数え方がある。「コン」は、中国地方全域にも分布していた節があるが、その対象は、多くの地方では大きな魚に偏っていき、しかし、地方によっては小さな魚に偏っていったというようなことも考えられる。「一喉付《いっこんづけ》」（福岡県博多）・「一喉盛《いっこんもり》」（対馬）・「一喉焼《いっこんやき》」（奈良県宇智郡）のような複合語をもつ方言もある。

## アワビ・タコ・イカ・カニを「一盃二盃」と数える

アワビ・タコ・イカ・カニは、「一盃《いっぱい》二盃」と数える（現在は「一杯《いっぱい》二杯」と書く）。その実例には、「甲斐備中守久衡　鮑《(あわび)》百盃　鯛十　筋子五廾五百疋　進レ之」（『親元日記《ちかもとにっき》』一四六五年〈寛正六〉七月二五日）、「三富豊前掾、烏賊《(いか)》魚五十盃　献レ之」（『実隆公記《さねたかこうき》』一五二四年〈大永四〉一一月一二日）、「一、あわひ　壱はい　代三文」（「北条家朱印状写」、一五六〇年〈永禄三〉一二月二三日、『戦国遺文』。タイ・カツオ、生干《なまひ》のカツオ・大アジ・イワシ・イナダは「ツ」）、「鯛卅枚、あわひ百盃」（「後北条氏繁後室カ朱印状」、一五八四年〈天正一二〉正月五日、同）とみえる。また、『山科家礼記』（一五世紀後半ころ成）には、「あわひ十はい」「たこ二はい」「大タコ二ハイ」「あかゝい十五はい」「にし廿はい」「かさめ十はい」など、『色《いろ》部《べ》氏《し》年中《ねんじゅう》行事《ぎょうじ》』(一六世紀末成カ)には、「鮑　五十盃」「鮑　三拾盃」「あわひ　十盃」「あわひ《五盃つゝみ》　二十五つと」などとみえる。これらは、漢字で「盃」、仮名で「はい」と書いているが、『節用集』の印度《インド》本系には、「蟹《カニ》」「烏賊《イカ》」を「一輩《(イツ)パイ》」、『運歩色葉集』元亀二年本も「蟹《カニ》」を「一輩《(イツ)パイ》」と数え、「輩」字を用いている。

江戸時代の『都会節用百家通』などの書札礼では、「蛸《たこ》」「鱆魚《たこ》」「飯蛸《いいだこ》」、「烏賊《いか》」「泥障《あおり》烏賊《いか》」、また、「生貝《なまがい》」(アワビ生肉)や「蛤《はまぐり》」「石花《かき》」などを「盃《はい》」で数える(拙著『日本語助数詞の歴史的研究』二〇〇〇年一月、風間書房、三二一・四二四頁)。

新潟県の佐渡に伝わる江戸時代の文書では、基本的には、「串貝《くしがい》」(鮑を串に刺して干したてたもの・串鮑)を「盃」、タコ(大蛸・小蛸)を「頭」、「烏賊」を「枚」で、それぞれ数えている(一六三一年〈寛永八〉二月の「徳和村年貢皆済状」、一六五七年〈明暦三〉正月の「外海府《そとかいふ》御年貢御地子小物成《こものなり》留帳」〈本間右左衛門家文書〉、一

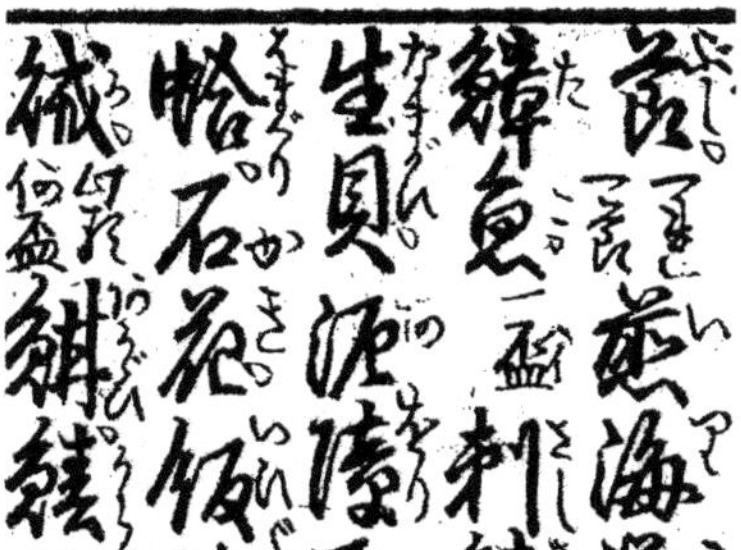

図25　魚介類を数える
(『都会節用百家通』より)

六九四年〈元禄七〉一〇月の「田野浦村年貢割付状」、一八六〇年〈万延元〉一〇月の「後尾村年貢割付証文」、江戸後期ヵの「村々小物成諸運上小役場取立方銀当リ之事」〈「地方《じかた》向覚書」中〉、一八六五年〈慶応元〉の「四十物《あいもの》立銭取立小前帳」など)。また、一七七九年(安永八)の「水津御番所付問屋他国出入之品場銭帳」では、「塩鰒《しおふぐ》」を「盃」、一八〇〇年(寛政一二)の「寛政十二申一ヶ年分四十物弁国産之内他国出高凡書付」では、「塩烏賊」を「盃」(「鰯」を「疋」、「鰹」「鱒」などを「本」とも)、一八二六年(文政九)九月四日の「四十物取調書上扣《ひかえ》」では、「串貝」「干《ほし》鰒《ふぐ》」を「盃」、「小鮹」を「頭」、「烏賊」を「枚」、一八六四年(元治元)八月の「立銭書上帳控」では、「生蛸」を「盃」で、近代に入って、一八七五年(明治八)三月三一日、相川県参事鈴木重嶺が内務卿大久保利通に宛てた「本州所産ノ食物器具薪炭等ノ数量価金ノ串牒」では、「塩烏賊」「干河豚《ほしふぐ》」を「盃」、「干鮹」を「頭」で、それぞれ数えている。一九二二年(大正一一)五月の小木《おぎ》町大字木流村の「大鰒浜帳」では、フグ(鰒)を

図26　たこの図(『商売往来絵字引』より)

「尾」とも「配」とも数え、二者の間に区別がない（例外的に「本」を用いた例が二例だけある）。「配」は「盃」の宛字であろう〔以上は、『佐渡相川の歴史 資料集』・『新潟県史 資料編九 近世四 佐渡編』・『佐渡小木町史』などの所収文書による。なお、「盃」は、樽入りの「干鰯」、浜樽入りの「焼炭」、「酒」などにも用いられる〕。

魚介類の保存手段には乾燥（天日・焼・蒸）・薫製《くんせい》・塩蔵などがあるが、中でも天日干しは、もっとも安上がりで手もいらない。イカは、多く開いて干して梱包《こんぽう》・搬送・保存の便宜を計ったのであろう。タコを数える「頭」は、さかのぼって『親元日記』にも「＼佐渡国本間河原田大和守時直糒一袋・海苔一折・蛸一頭進之」（一四六五年〈寛正六〉六月六日）とみえ、右の「徳和村年貢皆済状」には「一　壱かしら　たこ」という仮名表記がある。

### イカと船を数える方言

今日、各地の方言では次のようである。すなわち、報告によれば、静岡・兵庫でイカを「イッパイ」と数え（平山輝男編『現代日本語方言大辞典』第一巻、既出、四二六頁）、また、①北海道厚田郡厚田村方言、②青森県中津軽郡相馬村方言、③岩手県盛岡市方言（魚屋で買うときは「ハイ」という）、④宮城県柴田町大字槻木方言、⑤栃木県佐野市方言、⑥神奈川県横浜市南区前里町方言、⑦長野県松本市島立（町区）方言、⑧富山県富山市方言（老年層「ヒキ」、若年層「ハイ」）、⑨石川県珠《す》洲《ず》市三崎町粟津方言、⑩三重県鈴鹿《すずか》市白子方言（カニも「ハイ」）、⑪滋賀県伊香《いか》郡西浅井《にしあざい》町塩津浜方言、⑫大阪府大阪市都心部方言、⑬島根県大原郡木次町方言、⑭島根県邑智《おおち》郡桜江町小田方言、⑮広島県安芸郡倉橋町室尾方言（「コン」という。漁師は「ハイ」）、⑯山口県都濃郡鹿野町方言（アワビは「ツ」）、⑰山口県山口市方言、⑱福岡県北九州市若松区島郷方言、⑲長崎県手熊町方言では、イカ・タコを「イッパイ二ハイ」と数える（前掲『方言資料叢刊』第六巻、アクセント表記略）。これらの方言においては、昔から「ハイ」を用い、これに対し、他の方言では「ヒキ」、および「ツ」を用いているようである。一般的な趨勢《すうせい》としては、「ハイ」から「ヒキ」へ移りつつあるかもしれない。ただし、⑧富山県富山市方言の右のような状況からすれば、また、新潟県北蒲原郡京ヶ瀬村大字駒林方言・同県小千谷市高梨町方言では以前から「ヒキ」と数えているところからすれば、富山・新潟などの北陸地方は、かつては「ヒキ」、新しくは「ハイ」という、むしろ、他とは逆の傾向にあるようである。イカを「はい」と数える地方は、この他にもあるが（千葉県鴨川市、島根県安来市など）、省略する。

船も「イッパイ」と数え、⑧富山県富山市方言（大きい船は「ソー」、小さい船は老年層で「ハイ」、若年層で「ソー」）、⑨石川県珠洲市三崎町粟津方言（小船は「ソー」、大きいのは「ハイ」）、⑩三重県鈴鹿市白子方言（「ソー」、漁業の人は「ハイ」）、⑮広島県安芸郡倉橋町室尾方言（「ハー」）、⑯山口県都濃郡鹿野町方言（大きな船は「ソー」「セキ」、昔からの和船は「ハイ」）、また、高知県中村市敷地方言（「ソー」、大きい船「セキ」「ハイ」）、⑱福岡県北九州市若松区島郷方言（「ソー」、大きな船を「セキ」、櫓で漕ぐ程度の小さな船を「ハイ」〈古い言葉か〉）には、この言い方があるとされる。

さて、「はい（杯）」という助数詞は、イカの胴体がイカ徳利《とつくり》やイカ飯《めし》になるようなサカズキの形をしているところに出たものとされる（NHKラジオ第一「疑問の館」二〇〇五年一月三一日、二一時〇五〜三〇分、飯田朝子氏）。だが、「はい」とは、器物《うつわもの》によって中味を計量する言葉である。イカ本体を数えるのにこれを用いるとは不審である。現在、そのようにみえるとしても、本来の事情は違うのではなかろうか。イカ徳利やイカ飯も、いつからのものであろうか。

## 「はい」の出どころ

この「はい」とは、中世のころ、アワビ類を数えるための助数詞であったらしい。『日葡辞書《にっぽじしょ》』の Ippai の語釈にも、「何か飲物のいっぱい入った盃（*Sacazzuquis*）やコップとか、御器（*Goquis*）や茶碗とか、鮑貝や殻つきの貝とかを数える言い方」（前掲、邦訳三三七頁）とある。「鮑貝」とはアワビの生貝、「殻つきの貝」とは、それに準ずる蛤《はまぐり》・石花《かき》（蠣）のような貝をいうのであろう。ともに身の入った貝そのものをいい、殻を二次利用して練り薬や薫物《たきもの》を入れたようなものではない。

筆者は、当初、この語釈は、どのような批判を経たものか、あるいは、民間語源説のようなものを背景にした可能性はないかと慎重にならざるを得なかった。しかし、この助数詞は、基本的に「盃」字で表記されており、そこで、この文字用法は、アワビの形体を写したものではないかと考えるようになった。「盃」という漢字はサカズキ（また、酒）を意味し、『干禄字書《かんろくじしょ》』『観智院本類聚名義抄《かんちいんぼんるいじゅみょうぎしょう》』（僧中一四）によれば、「盃」は「杯」（正字）の通字という。だが、実際の用例では「盃」字が用いられる。古代（八世紀以降）の容器名は、その材質・製法などに相応して金・木・土・石・皿などの偏旁《つくり》が使い分けられており、そうした正・俗・通といった字体規範は必ずしも通用しない。ここも、「木」偏ではなく、「皿」という意義符に意味があり、これが意図的に選ばれたと考えられる。というのもアワビの生貝や焼アワビ・蒸アワビは、殻付きのままで流通し、また、梱包・搬送される。「盃《はい》」は、そうしたアワビの形体にも近しい文字である。また、「盃」は、アワビほどの用例はみられないが、サザエやアカガイなどにも用いられる。貝類は、その食後、それなりの貝器《ばいき》（匙《さじ》・食器・容器など）として再利用されることが多かった。こうした共通性は、また、助数詞の共有を許容することにもなろう。

ところで、より古い時代には、アワビは神饌《しんせん》として、また、貢納物として格別の存在であった。それゆえ、計量単位も厳しく規定され、八世紀の木簡では「鮮鰒十貝」（二条大路木簡、東西溝SD五三〇〇）のような「貝《はい》」、また、「烈」「条」「連」が用いられることになっていた。時には「螺《さざえ》卅貝」との例もみえる。「貝」は、その後にもアワビ（「蒸鮑《むしあわび》」「丸鮑《まるあわび》」「串貝」）やカキ（「蠣《かき》」）などに用いられたが、中世のころから、右のような次第によって「盃《はい》」字に取って代わられたようである。ただし、薫物や練り薬などを入れたハマグリの殻などは「たき物《（薫）》かい《（貝）》二かい《（貝）》」（『山科家礼記』）・「同薬老母に三貝計遣レ之」（『兼見《かねみ》卿記《きょうき》』）のように「かひ（貝）」と数える。貝の殻は、生活の中の種々の用具として再利用されることが多かった。「貝」字そのものは、こうした容器（器物類）を数える方に継承されていった。

「盃」は、甲殻類のカニ、頭足類のタコ・イカ、魚類のフグなどを数える場合にも用いられた。甲羅《こうら》を剥《は》がして食するカニは、貝類にならうというのであろうか。タコ・イカ・フグなどは、体形がふっくらとして軟らかいために、貝類の「盃」が流用されたのであろう。貝やタコ・イカなどを一連のものとするものの見方は、今日の学問世界にも生きており、「かい（貝）」とは、殻を持つ貝類や殻を持たないタコ・イカ・ナメクジなどの軟体動物全体を意味するとされる。水中における貝は、確かに軟体動物である。

其一を曰二（ふ）菟道の貝《カヒ》蛸《タコ》皇女一（と）〈又名は菟道の／磯津皇女也〉

（『日本書紀』前田本、敏達五年三月）

「菟道貝蛸皇女《うじのかいだこのひめみこ》」という人名に「貝蛸」という言葉が使われ、このタコの名に「貝」という言葉がみえる。『日本書紀私記甲本』に「貝蛸《カヒタコ》」（敏達《びだつ》）、『和名類聚抄』巻一九に「貝蛸　日本紀私記云貝蛸〈加比太古《かひたこ》〉」（道円本、亀貝類）ともある。貝蛸は飯蛸《いいだこ》の異名で、産卵期に飯粒《めしつぶ》状の卵が詰っているところからの称というが、ややこしい名である。

漢和辞書であり、一種の百科辞書でもある源　順《みなもとのしたごう》編『和名類聚抄』（承平年間〈九三一～九三八年〉成立）は、同じ「亀貝類」の項目下に、カメ・サザエ・ハマグリ・アワビ・カキ・イカ・タコ・カイダコ・ガザメ・カニ、その他を列挙している。「竜魚類」（魚類）以外の水産動物として、これらは似たもの同士と目されていたのではなかろうか。オウムガイなどは、タコとよく似た頭足類であるが、巻き貝状の殻を持っている。

船も「はい」と数える。腰越《こしごえ》（鎌倉市西部の旧漁村）・千住《せんじゅ》一〇里を往復した舟の船頭は、「千住女郎衆は今朝も二はいの舟とめた」と歌った。水・酒などを入れる木製箱形の容器、例えば、酒船《さかふね》・水槽・湯船《ゆぶね》・馬槽《うまぶね》・魚槽・米槽《こめぶね》、また、田舟《たぶね》・苗舟《なえふね》、棺《ひつぎ》あるいは、品よく魚介料理を盛る木皿などは、古来、和語で「ふね」といってきた。生活具が船舶になり、また、合成樹脂製や鋼鉄製になったとしても、やはり「ふね」の範疇《はんちゅう》にあり、これらを数える場合、「ふね」や「はい」、あるいは、やや専用的な「艘《そう》」「隻《せき》」が用いられた。「ふね」は、名詞のそれを助数詞に転用したものである。「はい」は、貝の用途（二次利用）と

「ふね」のそれとが通ずるところからの応用であろう。貝と船とはイメージも重なりやすい。「帆立貝《ほたてがい》」はイタヤガイの異名であるが、本名よりこの方がよく知られている。

一八五三年（嘉永《かえい》六）六月、アメリカのペリー提督が黒船《くろふね》四隻を率いて浦賀に来航したとき、「泰平《たいへい》の眠りをさます蒸気船　たつた四はいで夜も寝られず」（『落書類聚』二三）との落首《らくしゅ》がはやった。上喜撰《じょうきせん》は極上茶の銘柄で、その四杯に蒸気船四隻《はい》を懸けた諷刺《ふうし》である。また、石川啄木《たくぼく》の小説「病院の窓」（一九〇八年）に、「港の中には汽船《ふね》が二艘《にはい》、四つ五つの火影《ほかげ》が」云々と見える（『全集』第三巻、一九六七年、筑摩書房、八八頁）。作者は、漢語で「二艘《にそう》」と書き、常用の和語で「にはい」といったようである。丸木船・手漕《こ》ぎ船から帆掛船《ほかけぶね》・千石船・汽船の時代になっても、「はい」は用いられたようであるが、今日ともなれば、その言い方は、漁師の小船・櫓櫂《ろかい》の和船などに付随する形で残っている程度であろうか。

なお、「いっぱい」の「盃」という用字は、中世後半には「杯」字でも通用するようになったかと推測される。酒・サカズキにこれを用い（『花園天皇宸記《しんき》』など）、アワビ・イカ等についても、「烏賊《いか》蛸《たこ》一杯」「鮑《あわび》〈一杯／二杯〉」（『新板用文章』江戸後期刊）とみえる。時代とともに「盃」字の意味・用法がサカズキに収斂《しゅうれん》しつつあり、逆に、「杯」字のそれが拡大し、一般的によく用いられるようになったからであろう。

## 二　ウサギの数え方

**ウサギを「一羽二羽」と数えること**

ウサギを、なぜ「一羽二羽《いちわ》」と数えるのか。「羽《わ》」とは鳥の数え方ではないのか、ウサギなら「一匹二匹」ではないのか——。これは、あちこちで話題とされるテーマである。

この数え方が、いつから話題になり始めたのか、それがまた問題であるが、「ウサギ一羽《わ》」という数え方は、古くからの社会的慣習であり、より自然な数え方であるから、これをなくさないようにしたいとの提言もある（宇野義方氏、伏見寿徳氏など）。

**書物に見える数え方**

中世の故実書や近世の書札礼などではウサギを「一羽二羽」と数えたものがない。これを数えるには「疋《ひき》」（「匹」）、または、「耳《みみ》」などを用いると説く。『筭学啓蒙《さんがくけいもう》』（一六五八年〈万治元〉以前刊）に「兎三十六箇」、『新板算法闕疑抄《さんぽうけつぎしよう》』（一六七四年〈延宝二〉刊）に「菟十五疋」、『小学和洋算法』（一八七八年〈明治一一〉）に「兎八疋」、『明治新撰　近世塵劫記《きんせいじんごうき》』（一八八九年〈明治二二〉刊）に「雉子兎《きじうさぎ》合して五十頭あり」、『初等科算数』（一九四一年〈昭和一六年〉）に「（兎ガ）六匹ヅツ」「何頭ノ兎ヲ」などとみえ、また、「一つ」と数える例もあるが、「羽」は見当たらない（「兔」「菟」「兎」は同字）。「頭」は古い数え方で、『延喜式』にもみえ、中国古代にも例があるが、今日、発音は「頭《ず》」→「頭《とう》」と変わってきたようである。「つ」は、「小早川秀秋《こばやかわひであき》三原下向祝言日記《みはらげこうしゅうげんにっき》」に「以上とりかす《(鳥数)》九つ、うさき二つ」（一五九四年〈文禄三〉一一月二二日の鷹狩、小早川家文書二）とみえる。

## 「一羽」のさまざまな説

ウサギは、山野に棲息する敏捷な草食性小動物である。発達した門歯と旺盛な食欲をもち、繁殖力が強い。農作物や植林等の有害獣として、地方によっては駆除の対象とする。『文選《もんぜん》』巻八「上林賦《しょうりんのふ》」（司馬相如）に、「国家の政《まつりごと》を忘れ、雉兎《ちと》の獲《えもの》を貪《むさぼ》るは、則ち仁者の繇《みち》とせざるなり」とあるように、古来、狩の獲物の筆頭にあげられ、アジア諸国、また、英仏等のヨーロッパ諸国でも貴重なタンパク源とされてきた。日本でも同様であり、おそらく仏教伝来以前から、特に山村部では日常的によく食されていたかと推測される。

ウサギを「一羽《いちわ》」と数えるについては、これが足二本で跳び、あるいは、空中を飛ぶように走る、それが鳥のイメージと重なるからだとする説、西日本では鳥に同じく網をもってこれを捕獲するからだとする説、ウサギ肉は鳥肉に似ているからだとする説、四つ足のウサギを二つ足の鳥の肉とみなして食用に供したからだとする説、これを聖獣視する地方では獣類一般と異なる数え方をしたのだとする説、ウサギは「鷺《さぎ》」「鵜鷺《うさぎ》」と発音を同じくするからだとする説、あるいは、ウサギは耳で括《くく》って「一わ《(把)》」（一タバの意）といい、これが後に「一羽《わ》」になったとする説、等々がある。いずれも、「羽《わ》」「匹《ひき》」の用法の分化し来たった後代から推測したものであり、付会やうがち過ぎもあるようにみうけられる。

「ウサギ一羽《わ》」という数え方は、古い資料では、まだ管見にしない。それは、この言い方が、古く、上流階級の書記世界に関わらない、あるいは、文字を持たない庶民層のものであり、また、地方的な生活語であったからではなかろうか。

## 現在の方言

今日の地方語、すなわち、方言におけるウサギの数え方は、そのつもりで調査してみないと正確なことがわからないが、今、平山輝男氏編『現代日本語方言大辞典』第一巻に収められた全国方言基礎語彙調査によれば、おおむね次のようである（この調査の話者〈被調査者〉は、明治二〇年代から大正時代に生まれた方々である。なお、音声表記〈記号〉・品詞名・アクセント記号等を省略し、注記を引用する）。

①鳥類などを数えるときに「わ（羽）」を用いて「（イチ）ワ・（エッ）パ……」「（ニ）ワ」「（サン）バ」という言い方は、［北海道］［礼文《れぶん》］［弘前《ひろさき》］以下、多くの調査地点にみえている（同書、四一〇～四一二頁）。しかし、これらの調査地点の多くは、それを鳥だけにいうのか、または、ウサギも含めていうのか、明瞭に示されていない。

②そうしたなかで、次の五調査地点には「うさぎを数える」という明瞭な注記がある。

［秋田］　エッパ　一匹の鳥・うさぎを数える単位。ニワ　サンバ

〔神奈川〕　イチワ　鳥や鶏、うさぎをかぞえることば。
〔長野〕　エチワ　接尾語ワは鳥、うさぎを数えるのに用いる。
〔秋山〕　エチワ　鳥類やうさぎを数えるときに用いる。
〔鳥取〕　イチワ　うさぎを数える時にも、イチワ（一羽）、ニワ（二羽）と言う。

〔秋山〕とは、長野県下水内《しもみのち》郡《ぐん》栄村《さかえむら》秋山郷《あきやまごう》をいう。奥信濃の雪深い村里である。秋田・長野・鳥取など、雪国には野ウサギも多いが、少なくとも明治後半期、東北・関東・中部・中国などには、鳥と同様、ウサギを「わ」と数える地方があったと知られる。ただし、ここには隠れた分布もあり（例えば、奈良県吉野郡など）、時代的にもさらに遡るであろう。つまり、この「羽《わ》」という数え方は、意図的に作為されたものでもなければ理解語彙でもない、遠い昔から伝えられてきた、より広い分布をもった生活語であると考えられる。

③逆に、次の調査地点は、鳥を「ヒキ（匹）」でも数える（注記の有無がある）。
〔福島〕　（イッパ　ニワもあるが、これとは別に）イッピギ　動物の一匹。鳥の一羽。ニヒギ　動物の二匹。鳥の二羽。サンバ
〔栃木〕　（イチワもあるが、これとは別に）イッピギ　鳥を数える場合にも言う。
〔千葉〕　イッピギ　最近は、イチワ、ニワ、サンバとも言う。ニヒギ　サンビギ
〔大分〕　イッピキ　イチワ

［甑《こしき》］　イッピキ　→いっぴき、いっとう

鳥も、動物の場合と同じく「ヒキ（匹）」で数え、あるいは、数えてきたようである。

以上とは別に、犬・猫・虫・馬・牛・蛇・羊などを数えるときに「ヒキ（匹）」を用いて「（イッ）ピキ・ピギ」「（ニ）ヒキ・ヒギ」「（サン）ビキ・ビギ」……という言い方は、［北海道］・［礼文］・［弘前］以下、多くの調査地点に行われている（四三一～四三三頁）。この多くは、そこにウサギも含まれるか否か、はっきりしないが、［群馬］では、「イッピキ」は「ねずみやうさぎなどをイッピキと数える」といい、また、［長野］では、「エッピキ」は、（虫類、獣類に用いるが）「ただし、うさぎについてはワを用いる」という。

方言に関しては、前掲『方言資料叢刊』第六巻も参照される。これによれば、「ウサギ一羽《わ》」という数え方は、①北海道厚田郡厚田村方言、②青森県中津軽郡相馬村方言（古い言い方）、③神奈川県横浜市南区前里町方言、④富山県富山市方言、⑤石川県珠洲《すず》市三崎町粟津方言、⑥滋賀県伊香《いか》郡西浅井町塩津浜方言、⑦大阪府大阪市都心部（中央区内久宝寺町）方言、⑧島根県邑智《おおち》郡桜江町小田方言、⑨山口県都濃《つの》郡鹿野町方言、⑩山口県山口市方言、⑪高知県高知市方言にみられる。この内、②や⑨の場合は、古くから土地に根付いた生活語であろう。①の話者は、外住歴のない一九二一年生まれの女性、③も、外住歴のない、旧家の一九二三年生まれの話者によるものであるから、やはりその土地本来の数え方であろう。⑦は、船場の東約一キロという商業中心地の方言で、話者は昭和初期の生まれである。あるいは、左に触れるような事情が関係するかもしれないが、他の表現方法からすれば、これは在来的な数え方とみてよさそうである。

地方に残る文書の例としては、一八七五年（明治八）三月三一日、相川県参事鈴木重嶺が内務卿大久保利通に宛てた「本州所産ノ食物器具薪炭等ノ数量価金ノ申牒」（『佐渡相川の歴史　資料集6』所収）に、「兎　三拾羽　金八円七十五銭」とみえる。この文字では、鶏・家鴨《あひる》・雁・鴨も「羽」、塩烏賊《しおいか》・干河豚《ほしふぐ》は「盃」、干鯳《ほしすけとうだら》・鯛は「枚」、鱒・塩《しお》鱪《しいら》・鮪は「本」、鰯・コウナゴは「樽」、干鮹は「頭」で数えている。

動物類の数え方には、「とう（頭）」もあれば「ひき（匹）」もある。その用い方は、地方ごと・生活圏ごとにおおむね決っていよう。が、それでもゆれがある。まして、生活圏が異なれば、その用法上のずれがないわけはない。同様にして、鳥の数え方に「わ（羽）」もあれば「ひき（匹）」もあり、ウサギの数え方に「わ（羽）」もあれば「ひき（匹）」もある。その土地その土地の考え方・感じ方によって数え方も相異することがある。奇異の感のすることがあれば、それは時・所を隔てた我々の側に問題があろう。また、このウサギは、その習性さえ熟知しておれば、比較的容易に、かつ、たくさん捕獲できる。山村部ではもっと素朴に、山鳥や雉、雁や鴨などの鳥類と同様にこれを扱っていたのではなかろうか。

ウサギを「羽《わ》」で数えるにつき、その跳躍が鳥の飛翔にも似ているからだとする説にも一理ある。その機能にちなむ数え方である。だが、やはりその二つの耳が気にかかる。つまり、ウサギの特徴はと問えば、誰しもその長い耳だと答える。この特徴は鳥のハネに通ずる。これをもって「羽」という数え方が生じたと考えたい。形体にちなむ数え方である。

ウサギでなくても、例えば、島根県八束郡《やつかぐん》美保関町《みほのせきちょう》片江《かたえ》では、長い胸ビレをもつトビウオ（地方名はアゴ）を「いちわ　にわ」と数える（水谷信明氏による）。この山陰海岸一帯には、六～八月、産卵直前のトビウオが回遊してくる。このすり身から作るノヤキ・カマボコ（魚肉練り製品）は地元の名産品となっている。また、セミ（蟬）についても、右の④富山県富山市方言（老人層）・⑧島根県邑智郡桜江町小田方言（コラ　ハネガ　ハエトルケー……）・⑨山口県都濃郡鹿野町方言（「わ」は大正期ごろまであった呼び方）や長崎県長崎市手熊町方言（通常「わ」と数え、若い人は「ひき」）では、「いちわ　にわ」と数え、ハエ（蠅）も⑤石川県珠洲市三崎町粟津方言（「匹」は用いないで）や福井県大野市方言（かつて古老がいっていた）・島根県大原郡木次《きすき》町方言・⑨山口県都濃郡鹿野町方言（また中年以下では「ひき」）では、「いちわ　にわ」と数える。これら以外の方言では、セミ・ハエは「ひき」、および、「つ」で数える。⑧島根県邑智郡の話者は、これ（セミ）は羽根が生えているから、と解説する。

生物でなくても、船の楫（梶）・釜・屏風なども「羽」で数える。元禄九年の「大坂買物之覚」に「四百目　梶一羽代／二十八目　梶の釘　六貫三百匁代」（船登源兵衛家文書『佐渡相川の歴史 資料集四』）、延宝九年の「一札之事」に「其上船道具之内梶壱羽」（姫津村区有文書『同資料集二』）とみえ、「天保十年摂州兵庫北屋仁兵衛船沖船頭惣右ェ門乗の積雇船板送状」に、弁財船《べざいぶね》（俗に千石船）に備え付けの楫《かじ》を「楫　壱羽」、「天保十一年六月十一日大坂堺屋兵右ェ門船沖船頭平蔵乗の積雇船板送状」に、同じく「楫　壱羽」とみえている（工藤睦男氏「近世後期における野辺地湊の「為御登大豆」移出」、田中喜男氏編『日本海地域史研究』第三輯《しゅう》、一九八一年、所収）。後二点は、船に備え付の楫や綱・縄類、鉄碇・橋船などを列挙した古文書である。また、安永八年七月の「水津御番所付問屋他国出入之品場銭帳」には、「大釜壱羽」「塩釜壱羽」「屏風壱羽」（橘鶴堂文庫、『新潟県史 資料編九 近世 佐渡編』）とみえる。釜を「羽」で数えるのは、これを竈《かまど》に掛けるため、その腰部に鍔《つば》状の羽根が廻らしてあるからである。鳥のハネ、あるいは、それに連なるような特徴的な形体をもって「羽」と数える方法は、きわめて自然なものであろう。

八世紀の奴《ぬ》婢《ひ》帳《ちょう》には、ヒトの耳を「耳羽」と書いた例がある。『日葡辞書』のMiminofa（*Orelhas*）は、「ミミノハ（耳の端）耳。下（X.）の語」（前掲、邦訳四〇六頁）と翻字されているが、これも「耳の羽《は》」と解される。古代語が九州方言に残ったのであろうか。中世には、百姓の耳を切り、鼻をそぎ、また、戦功の証《あかし》として敵兵の片耳を切り落として持ち帰るようなこともあった。そうした耳も、あるいは、「いちわ にわ」と数えたのかもしれない。

### 明治期のウサギブーム

さて、幕末動乱期を経て明治時代を迎えると、富国強兵・殖産興業という旗印の下で各地方の人や物資、また、情報などが激しく行き交うようになる。右にみた「ウサギ一羽《いちわ》」という生活語は、こうした流れに乗り、より広範囲の人々に伝わっていったとみられる。

折しも、この明治初期、商都大阪・首都東京を中心に愛玩用ウサギの飼育が爆発的なブームとなった。米・英・イタリア・中国などからの輸入種や交配種が珍重され、投機筋の介在もあってウサギの値は暴騰した。この狂乱ブームのため、大阪府は布令（甲二三七号、一八七二年〈明治五〉七月）を公布して「兎売買ノ市立・集会」を禁じた（大阪府史編集室編『大阪府布令集』第一、五八九頁）。東京府も、翌年一二月七日、布達（第一四四号、市在区区戸長宛）を公布し、当春以来、度々告諭しても「兎売買」が止まらないので「兎一羽ニ付、月月金一円ツツ可㆓相納㆒事」と「兎税」を課し、無届けで所持する者には「一羽ニ付、金二円過怠可㆓申付㆒事」とした（内閣記録局編『法規分類大全』第31巻〈租税門⑴〉、二二六頁)。当時、一円で玄米二斗八合余が買えたというから、当然、「愛兎家」も投機筋も恐惶をきたした。「兎税」は、一八七六年(明治九)四月二九日の布達(甲第一三号)で一部改正され、同年五月九日の布達(甲第二五号)では、一段と厳しくなった。すなわち、ウサギ蓄養の者は「府税トシテ一頭ニ付」、月々金一円ずつ納めよ、もし、「兎隠蓄ノ者」あらば、ウサギを没収し、隠蓄期間の府税を追徴し、「一頭ニ付、過怠金二円宛可二取立一事」とし、さらに、「兎隠蓄ノ者」を訴え出た者には「過怠金ノ半《ナカバ》ヲ給スベキ事」と公布した。

事態は鎮静化に向かい、一八七九年(明治一二)六月、東京府は布達(甲第六〇号)で「兎税廃止」を布告した。この前後、またぞろ流行の兆《きざ》しがあったが、「十三年《一八八〇年》二三月頃に至りては漸々《ようよう》衰頽《すゐたい》の傾向《けいかう》とはなれり」(『風俗画報』第三一四号、一九〇五年〈明治三八〉四月一〇日、東陽堂発行)と伝える。ブームは、ほぼ、消沈したようである。

この間の状況は、『新聞雑誌』『郵便報知新聞』(『新聞集成 明治編年史』第一・二巻所収、財政経済学会発行)などによって、逐一報道されており、赤田光男氏著『ウサギの日本文化史』(一九九七年、世界思想社)でも紹介されている。これらの新聞記事によれば、当時、ウサギは一般的に「一《いち》羽《わ》二羽」と数えられていたことがわかる(ただし、ときに「一頭」「一疋〈匹〉」とも)。また、『風俗画報』第三二六号(一九〇五年一〇月一〇日)には、久永章武という人が、その一文「兎の話」に添えて「東花　兎全盛」（明治第六歳孟冬（一〇月）改正・本郷永楽堂発行）と題する一枚の刷り物を転載している。「愛兎家」番付表とでもいうべきものであるが、そのウサギの「売買世話人」として名を連ねるのは、多く鳥屋、つまり、鳥や鳥肉を売買し、鳥肉を料理する業者であったということが知られる。

なお、泉鏡花《いずみきょうか》の『女仙前記《にょせんぜんき》』という作品に「一羽《は》の小兎《こうさぎ》が居て」とも「山兎一《やまうさぎひと》つ」ともみえる（『泉鏡花全集』第七巻、岩波書店）。鏡花は、金沢市の生まれである（一八七三～一九三九年〈明治六～昭和一四〉）。生まれながらに「ウサギ一羽《わ》」という数え方をしていた可能性があるが、その後の都市部、あるいは、他地方の人には、右のペット騒動に学ぶこともあったかもしれない。

## ウサギを「一耳二耳」と数えること

『童訓集』に、「兎《うさぎ》　一耳《ミ、》〈二つの事也、一つをバ片耳《（かたみみ）》といふ由〉」、また、『大諸札集』に、「一《ひとみみ》兎《うさぎ》ハ一耳《み、》二耳《ミ、》　一疋《ひき》二疋とハ悪《あし》し。但し一耳《ミ、》とハ二つの事也。一つをバ片耳《かたみ、》と書《かく》なり。一つ二つとハくるしからず候。書《かく》べきなり」とある。ウサギの数は、「一耳二耳《み、》」と書くのがよい、一疋《ひき》二疋と書くのは悪い、「一二《（ひとつふたつ）》」でもよい、但し、「一耳」とは二匹のことである、一匹なら「片耳」と書く、と説く。先の『書簡故実』にも、また、『書札調法記』『文林節用筆海往来』『永代重宝記』『御家書札大成』『新板用文章』などにも同様にみえる。兵法書『武《ぶ》用弁略《ようべんりやく》』（木下義俊編、一六八四年〈貞享元〉自序）には、「兎《ウサギ》ニモ山《ヤマ》緒《ヲ》アリ、口《ク》伝《デン》、或書ニ云、一《ヒト》耳《ミ》ト云《イフ》ハ二也、一ツノ時《トキ》ハ片《カタ》耳《ミ》ト云ト云云」（巻八、42ウ。屋代弘賢著『古今要覧稿』巻四八五〈人事部、放鷹一三〉もこれを引く）とあり、『増補 俚言集覧』（名著刊行会）所引の『諸礼筆記《しよれいひつき》』にも、「一耳　兎二ツを一耳と云。一ツを片耳と云」とある。『童訓集』は、「大概《（たい）がい》書札より出る」言葉の一つとして掲げているから、この数え方「耳」は書簡・書札用語の一つらしい。前後の条に、鹿は「一頭《かしら》」、獫《たかいぬ》（鷹犬）は「一牙《げ》」と書くともあるから、鷹狩の獲物についての書き様であろう。古記録では、『教言卿記』に「見米二斗……金鳥一羽・菟一耳・蠣螺十五喉・鰯一裹」云々（一四〇六年〈応永一三〉一二月四日）とみえる。受贈品を控えたものらしいが、「耳」字は「一」字に並記されている。

釈然としないのは、ウサギ一耳《ひとみみ》＝二匹、片耳《かたみみ》＝一匹とみえる点である。

## 一耳は何匹か

その理由・いきさつは、どういうことであろうか。『武用弁略』にいう「山緒《やまお》」とは、鷹の獲った山の物（雉・山鳥・ウサギなど）を結ぶ藤・葛、また、その結び方の作法をいう。とすれば、ウサギ二匹を括って一組とし、これを「兎一耳《ひとみみ》」と称するようなことがあったのであろうか。『鷹経弁疑論』などの鷹書《たかしよ》は、鳥柴《としば》として鳥の雌雄二羽を一枝に付ける作法を教え、同じくウサギも鳥柴に付けると説く。ウサギの場合も、二匹を鳥柴に付けたのであろうか。

ところで、時代が下ると、「兎《うさぎ》〈一疋／又一耳といふ〉」（『都会節用百家通』）、「兎《うさぎ》〈一疋／一耳〉」（『新増用文章』）と記す資料もある。素直に受けとめれば、これはウサギ一匹＝一耳を意味するものと解される。また、『時代別国語大辞典　室町時代編五』（土井忠生他編、二〇〇一年、三省堂）は、「耳《みみ》」はウサギを数えるのに用いる語とし、右『大諸札集』から「兎は一耳《み》二耳《み》、一疋二疋とは悪し」と引用する。だが、その「但し」以下を引かないから、この語釈はウサギ一耳＝一匹と解説したことになろう。ウサギを「耳」で数えるとすれば、これは、その特徴をもっての数え方であり、獫《たかいぬ》（鷹犬）一匹・象一頭・猪《しし》一疋を「一牙《げ》」、鹿・野猪《いのしし》一頭を「一蹄《てい》」というに同趣である。先の『教言卿記』の例も、素直にみれば、その一匹をいう可能性もある。明治期の珠算《しゅざん》初歩教科書『明治小学塵劫記《じんごうき》』（幕末の和算家《わさん》福田理軒著、一八七八年刊）には、「兎《うさぎ》五百十九万〇六百九十六耳《み》七万二千〇九十三除　答七十二耳」という割り算の例題がみえる。これは一耳＝一匹の例である。

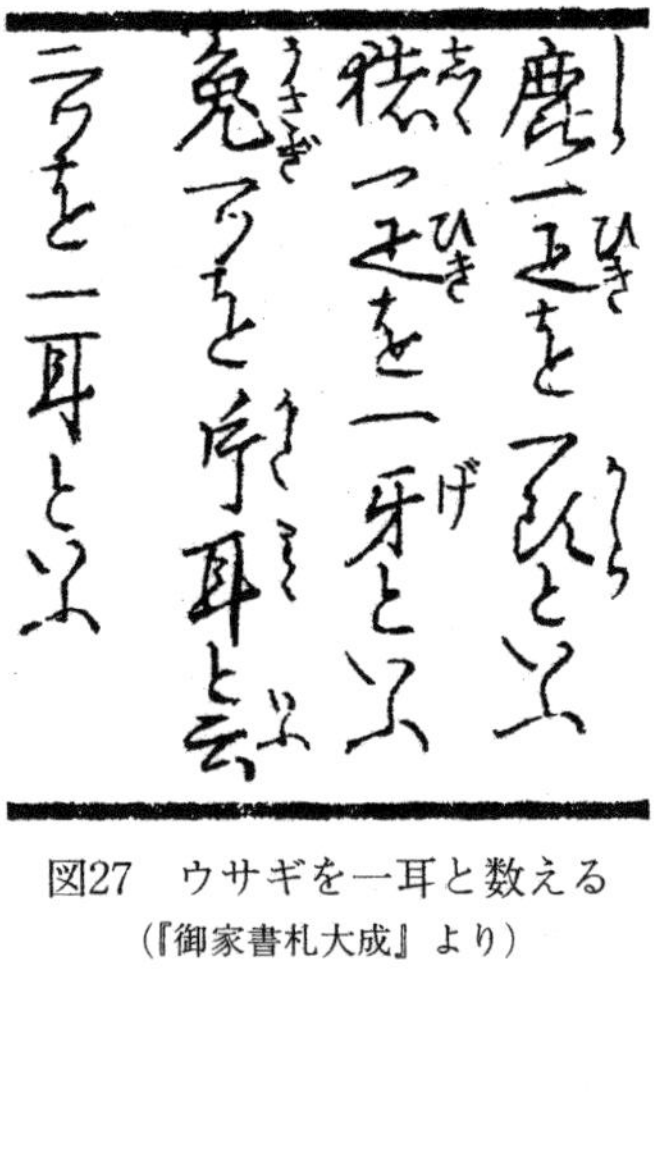

図27　ウサギを一耳と数える
（『御家書札大成』より）

しかし、こちらの立場に立つと、下の「但し一耳《ミヽ》とハ二つの事也。一つをバ片耳《かたみゝ》と書《かく》なり」という文言を無視することになる。これは適切な処置とはいえない。見えるものも見えなくなってしまうからである。ただ、本来的な問題と、その後の問題とは、また別である。江戸期・明治期には、一耳＝一匹と学び、これを用いた人たちがいたのであろう。

中世の『節用集』（ウ部、畜類）には、また、「兎《ウサギ》〈二耳／一ノ事也〉」（永禄二年〈一五五九年〉本）、「兎《ウサギ》ト〈二耳／一ノ事也〉」（両足院本《りようそくいん》）とみえる。この割注は、ウサギを「二耳」という、これはウサギ一匹のことである、と解される。『運歩色葉集』には、「兎《ウサギ》〈一ヲ曰《（いふ）》二／二耳一ト也〉豕《イノシシ》〈一丸ト／云也〉」（元亀二年〈一五七一年〉本、獣名）云々とある。静嘉堂本も同様である。とすれば、これはウサギそのものを指す語で、「二耳」とは、その異名か別称かの類であろうか。その例証はまだ得られないが、鳥を「二足《にそく》」、武士を「二腰《ふたこし》」、腰巻・ゆもじを「二幅《ふたの》」、幼苗を「二葉《ふたば》」、剣を「三尺」、かなわ（鼎）を「三つあし」、獣類、また、四つ足門を「四つ足」、和琴《わごん》を「六つの緒《お》」、宮中・都を「九《ここの》重《え》」、鐘を「九乳《きゆうにゆう》」などともいう（称する）から、まったく無理な解釈でもなかろう。「二耳」とは書くが、これがウサギ（一匹）のことだとすれば、いたってわかりやすい。

しかし、これも、右の『童訓集』『大諸札集』等の説を誤解し、あるいは、誤写したところに生じた可能性がある（こちらが、逆に、そちらの元となったということはないであろう)。イノシシの「一丸」についても、これがその異名であるとの証は得にくい。動物では「黒猿一丸」「羚羊《かもしか》一丸」と数えた例があるから、右もイノシシを「一丸」と数えるというのではなかろうか。『曾我物語《そがものがたり》』には「鉄銅《てつどう》をまろめたる猪《し》なりとも」とみえる。

現在、巷間《こうかん》に出回っている参考書や辞書類には、右の第一説（ウサギ一耳＝二匹）、第二説（一耳＝一匹）が行われている。だが、第一説を掲げるなら、その理由を解明しなければならない。第二説を掲げるなら、まず、先行説を尊重し、慎重に用法の変遷を追わなければならない。第三説（二耳＝ウサギ〈一匹〉）の問題も含め、さらに検討してみたい。

# 助数詞の現在と将来

# 実生活のなかの単位――助数詞の意義

**助数詞は衰退するのか**

日本語の研究・教育に従事される方のなかには、現在、「日本語の助数詞の存続が危ぶまれる事態になっている」、つまり、「日本語の数ある助数詞は先細りの運命にあり、いずれは、一個、一つに集約されるか、接尾語としての助数詞は脱落して、単語の頭に数字をつけるだけになってしまうかもしれない」と危惧される向きもある（野口恵子著『かなり気がかりな日本語』二〇〇四年一月、集英社、二三頁）。日本語の現状を嘆かれるお一人のようで、同様の感想を持たれる方は、専門・非専門を問わず、少なくないことであろう。

確かに、助数詞を細かく使う人や場面・機会などは減少しつつあるようにみえる。古代、あるいは、近世・近代に較べると多様性を欠き、単純化しつつあるようである。しかし、それなら、助数詞というものは、遠からず衰退し、消滅していくのであろうか。

次に、現在における助数詞の用法の一端をみてみよう。

**助数詞の代替表現は？**

二〇〇四年一二月一〇日、政府は新たな「防衛計画の大綱」を決定したと、翌日の新聞に報じられた。そこには、次のような助数詞の使用がみえる。簡単に列挙してみよう。

「両」―戦車、火砲、装甲車　「機」―戦闘ヘリコプター、輸送ヘリコプター、新固定翼哨戒機、哨戒ヘリコプター、掃海・輸送ヘリコプター、戦闘機、新戦闘機、新輸送機、空中空輸・輸送機　「隻」―イージス・システム搭載護衛艦の能力向上、護衛艦、潜水艦、自衛艦、その他　「個群」―地対空誘導弾パトリオットの能力向上　「門／両」―（戦車の）主要特殊装備

（『朝日新聞』二〇〇四年七月一一日、七面）

自衛官には「人」、基幹部隊には「師団《しだん》」「旅団《りょだん》」「群」「部隊」「隊」といった単位がみえ、それぞれは、また、「個」（8個師団、1個機甲師団、3個飛行隊、2個群、6個高射砲群など）で数えてもいる。「師団」は、あらゆる機能をもつ六〜九千人の規模、「旅団」は、普通科連隊を基本とする三〜四千人の規模、「群」は、特定の作戦のために必要な機能を集めたグループ、とされる。

精密器機を装備した車輌・精鋭機などに「両《りょう》」「機《き》」「隻《せき》」「個《こ》」「門《もん》」などの助数詞が

添えられている。貨客の積載量には「トン」、軍艦・船舶の重量には「排水トン」などの単位もあるが、緊急時を想定すれば、装備（車・機・艦・人）を類別し、それぞれの単体数を把握しておくことが絶対的に必要である。助数詞を排除することは難しいであろう。

騒音問題を抱える伊丹は現在、発着枠規制があり、ジェット機は1日250回、プロペラ機は120回と上限が定められている。

騒音が比較的大きいエンジンが3～4基ついた大型機の「B747」や「DC10」などの乗り入れを段階的に禁止していく。（同紙、同七月一一日、二面）

昨今の騒音問題の一つであるが、ここにみえる「日《にち》」「回《かい》」「基《き》」といった助数詞は、「個」や「つ」、あるいは、他の表現をもって代えることができようか。

## 助数詞はあるがままの形

ある日の新聞のレシピ欄に、「山盛りルッコラのステーキ」について次のようにみえる。

[材料]（4人前）　100グラム、牛ステーキ肉4枚、ニンニク（皮付き）4片、塩適宜、黒粒コショウ20グラム、オリーブ油大さじ2、ウースターソース50ミリリットル、バター15グラム、　（『朝日新聞』二〇〇四年六月六日、二七面）

「グラム」「ミリリットル」の単位に交じって、ニンニクに「片《へん》」が、ステーキ肉に「枚《まい》」が用いられている。ステーキ肉は、デパートやマーケットの店頭では、まず、グラム単位で売られている。それを、このレシピでは「4枚」といい換えている。「片」も「枚」も、料理中の指先の、その形のあるがままの表現である。そのあるがままを表現したいとき、これは助数詞でなければできない。

**助数詞は具象化の表現**

あるテレビの教養番組で、水の量を表わすのに「水2l入りのボトル3,000本分」という。「リットル」という狭義の単位で通せば、精確に量を表現することができるはずである。だが、それをわざわざ助数詞「本」で数えたてる。大きく「6,000l」というより「ボトル3,000本分」という方が理解しやすいからであろう。助数詞「本」は、もとは「ボトル」の代名詞のように働き、それが接尾語（助数詞）化したものである。「ボトル」自体も今は名詞だが、やがて助数詞化する可能性もある。

日常生活やテレビの各種番組でも、「牛乳1,000cc」を「牛乳一本」「牛乳一パック」、「納豆《なっとう》50g」を「納豆一パック」などと表現する場面も少なくない。抽象的な表現を避けて、できるだけ具象的なイメージを添え、視聴者に手っ取り早い理解をうながすのである。

**助数詞は巨大表現も得意**

大阪府枚方市《ひらかたし》くずは（京阪《けいはん》電鉄の「くずは」駅）のショッピングモールに、SLのD51の51号機が展示されている。蒸気機関車の代名詞ともなった、いわゆる「デゴイチ」である。一九三七年（昭和一二）七月に川崎車輌会社で製造され、以来、東海道・山陽・山陰の各本線を三四年にわたり、走り続けた。最高時速は八五キロ、その走行距離は、二五四万二五六〇・二キロと記録される。地球を六四周した距離である。

京都府相楽《そうらく》郡精華《せいか》町の町立川西小学校にもＤ５１の６６号機が展示されている。こちらのＳＬは右の弟分らしく、同じく一九三七年の九月川崎車輌会社で製造され、やはり西日本の主要幹線を三四年にわたり、延べ二一〇万九三六・五キロを走った。これは地球を五三周した距離である。地球の周囲は、約四万キロである。が、「六四周」「五三周」といってもらう方がわかりやすい。いや、わかりやすい、そんな気がするのである。

勇壮なＳＬは、日本の山野によく似合う。Ｄ５１形は国立科学博物館（東京）や安来市和鋼博物館、松江市北公園、その他にも展示されている。なお、新山口駅・津和野駅間（山口線）にはＣ５７形（貴婦人）が運行されている。

### 東京ドーム何杯分

「東京ドーム」は巨大な屋根付き球場で、地下二階・地上六階からなる。そこで、この建造物を基準として、さらに大きな施設や構造物、あるいは、数・量を表わすことがある。世界最大級の放射光施設であるスプリング８（高輝度光科学研究センター）の施設を「東京ドームの三〇杯分」（民放系ＴＶ、二〇〇四年四月八日放送）、不法投棄された土砂の量を「東京ドーム二三〇杯分」（ＮＨＫ ＴＶ、二〇〇三年一〇月一七日放送）、世界で二〇〇三年に生産されたビールの「総生産量は1億4716万キロリットルで、東京ドームをジョッキとすると約119杯分」（『朝日新聞』二〇〇四年八月三一日）、などというのがそれである。また、米国の、とあるテロ対策訓練所を紹介して「東京ドーム二個分の広さ」（民放系TV、二〇〇四年四月一四日放送）という例もある。

それぞれ巨大な施設や膨大な量をいうために「東京ドーム」を持ち出したのであり、類例は枚挙にいとまがない。とはいっても、東京ドームの実際の大きさを知っている人は多くはない。知らなくてもかまわないのかもしれないが、しかし、東京ドーム側では、インターネットのホームページに、次のような想定問答集を用意している。しかも、その冒頭に、

［Q&A　みなさまから多く寄せられる質問と答え］

Q1　よく東京ドーム何個分や何杯分という表現を耳にしますが、東京ドームの面積や容積を教えて下さい。

とある。そこで、「施設概要」をクリックすれば、「建築面積 46,755 m²（普段、東京ドームの面積と言われているものです）、容積約 120万m³」云々とある。一万四千坪強である。

スプリング8は、附属施設も多く、一口にその容積を示すのは容易でない。しかし、その敷地は一四一ヘクタールといい、これは東京ドームの三〇・一五七……倍となる。右の「三〇杯

分」とは、どうも両者の敷地面積を比較したものらしい。とすれば、やや適切さを欠く表現ではある。米国の某テロ対策訓練所を「東京ドーム二個分の広さ」という類も舌足らずの表現である。その敷地面積の広さを意図しながらドームの個数を借りているのである。一般に、「杯」はかさ（量）をはかり、「個」は数を数える助数詞である。

助数詞用法にゆれがみられるのも、これが日常現実の言語生活だからのことであろう。自動車のハンドルの遊びのようなもので、いちがいに否定されるべきものでもない。

「地球」も「東京ドーム」も、巨大な存在である。右は、これらをもって、さらに大きな数字を表現しようとしたものである。それぞれ精確な距離や敷地面積、あるいは、より具体的な土砂の量が提示できように、その数字に代え、助数詞による表現となっている。結果的に、大ざっぱな表現を、故意に用いた形とはなっている。

思うに、我々の言語生活においては、必ずしも精緻な数字は必要ではない。情況に応じて、適切な情報量を伝達すればよいのであって、こうした場合には、抽象的な数字より、実在の物や身近の具象物を比較・対照しながら表現していく方が有効である。ただし、表現し、伝達するためには、より印象的な、より迫力ある比較物・対照物を用いる方がより有効である。何かといえば「地球」や「東京ドーム」がもち出されるのもそのためである。

## ビールも「伊右衛門」も「ケース」でOK

ビール大手各社のデータによると、二〇〇四年五月の発泡酒の出荷量は、前年五月の増税の影響はあるものの、「前年同月比11％増の1430万ケース（1ケース＝大瓶20本換算）。一方、ビールは同12％減の2287万ケースだった」（『朝日新聞』同年七月一〇日、二面）という。しかし、数日後、ビール大手五社が発表した「1～6月のビール・発泡酒の出荷数量（課税ベース）は、合計で2億2429万6千ケース（1ケース＝大瓶20本換算）で、前年より6・4％減った。上半期としては3年連続の減少」（同紙、同七月一三日、一六面）と伝える。税率が低く価格も安い「第3のカテゴリー」、すなわち、ビール風飲料に市場の一部を奪われたのが一因だという。

右には「ケース」と「本」の単位（助数詞）しかみえない。「大瓶」の総本数を「ケース」数に換算した形のようだが、その容量が示されないから、結局、「一ケース」の正確な容量もわからない。「リットル」数は、書く必要はないのであろうか。この点、注意していると、やはり、あるビール会社の広告に、「一番《いちばん》搾《しぼ》り」は「90年の発売以来、14年間で約8億8000万ケース（大びん換算）を売り上げた大ヒット商品」（同紙、同七月二五日、全面広告）だとある。ここには、「大びん」の容量どころか、一ケースは何本入りともない。

また、「サントリーは14日、3月に発売した『サントリー緑茶 伊右衛門』（新製品）の04年末までの販売計画について、当初の1500万ケースから2600万ケースに上方修正する、と発表した」（同紙、同七月一四日、一〇面）という。「伊右衛門《いえもん》」は、京都の老舗《しにせ》・福寿園と共同開発した緑茶飲料である。これが打ち続く暑さでメガヒットとなった。一時は生産も間に合わなかったほどで、「6月末までの約3カ月半で1100万ケースを販売した」。その「1ケースには500ミリリットル入り、あるいは300ミリリットル入りペットボトルの場合24本入っている」とある。が、これは形ばかりの数字であり、それが24本入りとあってもさしたる意味はなく、結局一ケースの総容量はわからない。

こうしてみると、ビール業界も清涼飲料水業界も、また報道紙も、正確な容量など知らせる気は毛頭ないのである。まず商品に羽根の生えていることを伝え、そのためのおよその数字を並べたにすぎない。正確な数字は、状況によっては不必要なのであろう。

## 助数詞は情報の質・量を加減する

一般的な情報伝達の場では、把握しやすい簡潔な表現が望まれ、精確・詳細な数字は敬遠されることがある。というだけなら、しかし、それなりの数字表現も、また、「リットル」だって可能であろう。右の場合は「ケース」という助数詞にこだわりがあるようである。背後にどのような約束事があるのかわからないが、少なくともこの報道のこのレベルには、「ケース」が適当、

「本」は不適当、といった選択がなされているらしい。

助数詞は、それぞれにイメージをともない、それによって対象物の形態や情況を推知させるが、同時に、その選択により、伝達する情報の伝え方を加減し調節することもできるようである。「ケース」か「本」かという選択は、情報量のどのレベルで切り取り、どのような理解を与えるかという問題に他ならない。今の場合、「本」もまた、詳細に過ぎる、過不足のないところを勘案して「何千万ケース」という表現が適当となったのであろう。

助数詞は、対象を類別し、あるいは、その範疇を示すものであるが、助数詞を目的的に使い分けることにより、伝達情報の内容・印象などを加減することができる。お札だって、ケタ（桁）が違えば「束《たば》」や段ボールの「箱《はこ》」で表現するような場合もある。一方の狭義の単位（リットル・グラムなど）にもキロだのミリだのといった段階はあるが、表現行為に主観的なあんばい（按配）をこめることは難しい。

### あいまいな助数詞表現

長嶋茂雄氏が脳梗塞《のうこうそく》で入院して数日後の新聞に、「……この日の朝に入院後初めて、ヨーグルト1カップを口にしたという」（『朝日新聞』二〇〇四年三月一〇日、三四面）と報道された。そのカップが何グラム入りであるか、そのうちのどれだけを口にしたのか、家族も病院もマスコミも伝えない。詳しいことはわからないままに、「1カップ」とは適当な、それも少なめの方に傾いた量とでも、読者の側で勝手に推測する他はない。

それが少なめを意味するとは、「一」という数字に負うところが大きいであろう。しかし、それなら「カップ」は不要かといえば、そういうわけにはいかない。ヨーグルトという食品が要件となってるからには「カップ」という名詞、いや、それから転成した助数詞を欠くわけにはいかない。つまり、ここも「一＋助数詞」という一つのユニットに「少なめ」の意味があるようである。

「アイスクリームを一かき（掻）……」「……を一サジ舐《な》めてみた」、「公園を一廻りして……」といった場合も、正確な「一かき」「一サジ」の量、あるいは、「一廻り」の距離を意味するものではない。「飛行機で東京から札幌まで一飛びだ」とは、（一回飛ぶくらいの）短い距離・時間をいい、「一言二言忠告しておく」とは、若干の忠告を意味する。そのキロ数や所要時間、語彙数などを問題とするわけではない。

右は、「一（二）＋助数詞」というユニットがそうした表現力をもつのであって、助数詞そのものの問題ではない。しかし、その構成要素として助数詞が占める位置は大きい。

右のそれぞれは、また、狭義の単位（メートル法など）に置き換えることはできない。その意味するところは異なってしまう。これらは、具体的な数量を意図しないからである。

助数詞は、明確・正確な数量表現には適さないとされ、よって、国策上も、順次、狭義の単位表現に切り替えられてきた。その生来のあいまいさが短所とされたわけである。しかし、この短所は、同時に長所でもあった。ものごとを明確に規定しないところに日本語表現上の価値が認められているのである。

## 言葉の文化をになう助数詞

一九八八年、五輪女子選手クリスタ＝ローテンブルガー＝ルディング（東ドイツ）は、「『二足のわらじ』を完全にはきこなして」「金字塔を打ち立てた」と称揚された（『朝日新聞』二〇〇四年七月二六日）。ワラジは日本文化の象徴であり、かつての生活必需品であった。が、ドイツ女性もワラジを履《は》き、しかも、一人で二足もはいてメダリストになったという。

事情をうかがえば、彼女は、その年「2月のカルガリー冬季大会でスピードスケート1000メートルを世界新で制すると、9月のソウル大会では、自転車のスプリントで銀メダルを獲得。女性初の夏季、冬季両五輪のメダリストになった」とある。

遅ればせながら、日本から初めて「二足のわらじ」をはく選手（橋本聖子・関ナツエ・大菅小百合）が出たのは、二〇〇四年のソウル大会であったという。高校野球では、スキーや神楽舞《かぐらまい》にも取り組む「二足のわらじを履く球児」（『朝日新聞』二〇〇四年七月一一日、三〇面〈島根〉）も登場し始めたようである。これは時代劇にもおなじみのことわざである。

助数詞「足《そく》」は、八世紀以前から日本の履き物文化を支えてきた言葉である。それだけに、こうした助数詞は、――また、尺貫法の単位なども――故事・ことわざなどのなかに数多くみえている。日本の社会、日本人の生活と切り離すことのできない言葉の文化である。

## 伝統文化の継承

洋の東西を問わず、人生でいちばん幸せなときは、恋が実ってウェディングベルの鳴る時であろうか。日本では、この挙式に先立ち、婚約成立の証《あか》しとして双方の間に「結納《ゆいのう》」を交《か》わすしきたりがある。そのしきたりや作法、用いられる品物や品数などは、地域によって差異がある。だが、この贈答に際し、必ず用意されるのが結納目録《もくろく》である。

Yahoo! Japan でも Google でもよいが、今、前者の “Wedding” から「結納目録式」（一部）を検索してみよう。

結納目録の書式にも地域差がある。この上段は、関西式九点セット用目録の一種、下段は、関東式七点目録の一種という。「茂久録《もくろく》」は、「目録」という語を縁起《えんぎ》よく表記したもの、品名の、「熨斗《のし》」（一連）は、祝い事に用いられる伸《の》しアワビ（アワビの肉を薄くむき、延ばして干したもの）、「寿恵広《すえひろ》」「末広」は、白扇《はくせん》（一対《いっつい》）、「小袖料《こそでりょう》」「帯料《おびりょう》」（一封）は、いわゆる結納金のことである。「結美和《ゆびわ》」（一個）は、婚約指輪、「高砂《たかさご》」は、相生《あいおい》の松の樹陰に老夫婦を配して洲浜《すはま》の形の台に飾ったもの（一対）、「寿留女《するめ》」は、スルメ（一台、

茂久録

・熨斗　一連
・寿恵広　一対
・小袖料　一封
・結美和　一個
・高砂　一対
・寿留女　一台
・子生婦　一台
・太留料　一封
・松魚料　一封

以上

右幾久敷御受納下さい

平成　年　月　吉日

長沢　家

吉原家様

目　録

長熨斗
一帯料　壱封
一勝男節　壱連
一寿留女　壱連
一子生婦　壱連
一友白髪　壱台
一末広　壱封
一家内喜多留　壱荷

右之通り幾久敷芽出度
御受納下され度候也　以上

平成　年　月　日

小泉太郎

田中花子様

二本一連)、「子《こ》生《ん》婦《ぶ》」は、コンブ(同)、「太《た》留《る》料《りよう》」「松《しよう》魚《ぎよ》料《りよう》」(一封)は、清酒料・肴《さかな》料(松魚とはカツオ)のこと、「勝《かつ》男《お》節《ぶし》」は、カツオブシ(一連)、「家《や》内《な》喜《ぎ》多《だ》留《る》」(一荷)は、清酒、「友《とも》白《しら》髪《が》」は、麻《あさ》の緒《お》を束ねて白髪に見立てたもの(一台、一束)をいう。

往時ならともかく、この国際化時代に、もっと気の利いた今風の贈り物があってもよさそうだが、しかし、むしろ現実的な当世風のものでないところに意味がある。伝統(古式)にのっとることにより、改めてことの重要性を実感し、かつ、周囲の認知を得るのである。

ただし、双方の意向により、品物を代えたり、現物でなく金子をもって代えることはある。品名には数が明示され、単位が添えられている。縁起をかつぎ、数には、偶数を避けて奇数が用いられている。ことに、「壱（一）」という数は、分つことができない。複数からなる物でも、「壱（一）連、壱対、壱台、壱荷……」と表現する。二人は一心同体であれと願う意味もあろう。ともあれ、それぞれの品名や言葉遣いは、みな慶事《けいじ》用のそれである。

結納目録は、能書家《のうしょか》の優麗な毛筆によって奉書《ほうしょ》の折紙《おりがみ》にしたためられる。

二〇〇五年の春、紀宮清子内親王《のりのみやさやこないしんのう》と黒田慶樹《よしき》氏との婚約がととのい、皇居・宮殿 桂《かつらの》間《ま》にて「納采《のうさい》」の儀が執り行われた（一一月一九日。なお、一〇月五日に告期《こっき》の儀、一一月一五日に結婚式）。納采とは、一般の結納に当り、当日、金屏風の前でドレス用絹地（二着分）・清酒（三本一荷《いっか》）・鮮鯛《せんたい》（雌雄一対・一台）の品々が、目録とともに湯浅利夫宮内庁長官に引き渡された。『毎日新聞』は、また、「明治天皇紀」に、一九〇〇年（明治三三）二月一一日、大正天皇の婚約が明治天皇に許可され、納采が行われ、「幣贄《へいし》として洋服地五巻・鮮鯛《せんたい》一折・酒一荷を以て節子に賜ふ」と記されていると紹介する。

結納目録は、いわば、私文書であるが、実務的な文書でもあり、後日に効力を発揮することがある。だから、文書作成上、数字と単位（広義）とは不可欠の要件となる。

結納目録や進物目録に限らず、注文書《ちゅうもんしょ》・見積書《みつもりしょ》・納品書《のうひんしょ》・請求書《せいきゅうしょ》・領収書《りょうしゅうしょ》などは、品名（および、規格）・数量・単位を明記するのが決まりとなっている。今日、文書類は、企業でも官公庁でもパソコンで作成・送受信されることが多いが、そこでも、これらの要件を入力しないと受理されない仕組みになっている。

## コンピューター時代の助数詞

つい先年のこと、その筋の企業が、思わぬ「一兆円規模の〝商売〟」と色めき立つことがあった。それはコンピューターの「二〇〇〇年問題」である。コンピューターでは「データ処理を西暦下二けたで設定しているプログラムが多いため二〇〇〇年を一九〇〇年と誤解し、日付による並替えや年齢計算を誤りかねない、という問題。これを解消するには、基本的には西暦の処理を四けたに変えればいい」（『朝日新聞』九六年六月一三日）というわけで、その点検・修正等の関連ビジネスが一兆円規模になると予測されたのであった。

その〝商売〟のほどは定かでないが、その後には、「西暦を下2ケタで判断するコンピューターが2000年を1900年と間違えて誤作動を起こしかねないと、1999年に世界中の政府や企業がシステムの点検・改修に追われた」（『読売新聞』二〇〇四年九月二七日、六面）とも報じられた。

これは、さしものコンピューターも、入力する「ヒトの手」次第では駑馬《どば》ともなるという警鐘であったが、ケタ（桁）とは、万葉時代からみえる語である。家や橋などの柱の上

図28 『ことばのこばこ』（和田誠作・絵．瑞雲舎，1995年より）

に渡して、上部の梁《はり》などを受けさせる水平材をいい、近世には、串海鼠《くしこ》・煎海鼠《いりこ》の桁《けた》、算盤《そろばん》の珠を貫く縦の串、また、算盤や数の位取りをいう言葉として、さらにはそれらを数える助数詞として活躍している。コンピューター万能の二一世紀ではあるが、こうして何の遜色もなく働く万葉語もある。コンピューターと助数詞と、住み分けは可能であろう。

右の『読売新聞』の三八面には、また、千葉県茂原市東部台の原口證《あきら》氏（五八歳）が、同月二五日夜、円周率暗唱で「五万四千けたまで暗唱することに成功」（『読売新聞』九月二七日）との報がみえる。この偉業も、「けた」なくしては説明できないであろう（この記録は翌年七月二日未明、同氏自身によって更新され、この時は「八万三四三一けたまでの暗唱に成功した」〈『朝日新聞』二〇〇五年七月三日〉と報じられた)。

## 臨機応変の助数詞

日本人は、みずからの生活史において、必要・十分の数量表現の方法をはぐくみ、受け継いできた。単位(狭義)と助数詞は、それぞれに大切な使命がある。狭義の単位が、国際性を有する普遍的で精緻な単位であるとすれば、一方の助数詞は、日本における実生活上の生活単位であるといえよう。助数詞は、暖かい、潤いのある単位表現である。

助数詞は、日本人の生活に深くなじみ、その隅々までに及んでいる。帳簿や文書にも必要とされるが、全体的な情況を手早く的確に伝達し、把握するにもこれが重宝される。場合によっては、考えを廻らす労もなく、これを感覚的に、また、感情的にも、運用することができる。日々の現実生活には、数字化や数量化のできない、いい加減で不正確な部分も少なくないが、助数詞は、そうした場合にも臨機応変の働きをするであろう。

# 助数詞の将来

## 新聞用語懇談会

実は、つい半世紀前までは、日本語の助数詞は「いやというほど、たくさんあります」、「いかにも、わずらわしいやり方です」と憤慨し、

「現在のま〻の、ごた〱した状態にほうっておくのも、能がなさすぎます」ので、「あすの日本語」としては「何とかして、いわば、合理的な単純化をはかりたいものです」と説かれる方もあった（宮田幸一氏「数え方の簡易化」、日本放送協会編『ことばの研究室Ⅴ あすの日本語』一九五五年四月、大日本雄弁会講談社、八七頁）。その方向として、人間は「人」、動物は「匹」、直線的な物は「本」、平面的な物は「枚」、立体的な物は「台」「冊」「個」「つ」に統一しようという。

合理的な単純化といえば、かつての国民服、学校の給食、棟割り長屋・規格住宅なども

そうであったろうか。しかし、言語は、ヒトの認識・思考を形作り、創造力を高めていくものであり、また、そうした営為の結果として言葉の現在がある。はたして人為的な合理化・単純化といったものを、ここに求めることができるであろうか。

右を受けてのことかどうか、また、これが合理的であったかどうかはわからないが、一九六五年（昭和四〇）、新聞（新聞協会）用語懇談会において一つの「平明化」策が図られ、ここに「助数詞適用の基準」が設けられた。その前置きには次のようにある。

助数詞の種類が多いことは、日本語の特質であり、これによって表現を多彩にし、助数詞の使い方で事物の性質や形状まで推知させるという利点もある。しかしながら、文化の発展に伴い新しい事物が激増すると、助数詞も従って細分化し、しだいに選別の繁にたえないようになってきた。同時に、古来の助数詞で現在では耳遠くなり、使いわけの困難になっているものも少なくない。

新聞用語懇談会では、表現の平明化を図り、読者・執筆者の負担を軽減する意味で、ある程度助数詞の種類を整理して、使用の基準をきめることになった。

助数詞の整理と使用の基準をきめるに当たってとった方針は、次のようなものである。

1、同一種類の事物には、なるべく同一の助数詞を使う。

2、同一種類の事物に使われる助数詞が2種類以上ある場合には、できるだけ適用範囲の広いものを使う。

3、市民感覚を尊重し、古い助数詞・特殊の助数詞を避け、できるだけ一般的な助数詞を使う。

これに続き、具体的な助数詞ごと・事物（対象）ごとの「助数詞適用の基準」が示されている（同懇談会編『新訂 新聞用語集』〈一九六七年六月、日本新聞協会出版〉による）。整理された助数詞の種類は、「人《にん》」「匹《ひき》」「頭《とう》」など、延べ五二例である。

「助数詞適用の基準」は、翌年、国立国語研究所編著『国語年鑑 昭和41年版』（一九六六年五月、秀英出版発行）に掲載され、また、先年刊行された『最新版 朝日新聞の用語の手引き』（朝日新聞社用語幹事編、一九九七年七月、同社発行）にもそのまま踏襲《とうしゅう》されている。

後者は、別に「資料」として助数詞一覧を掲げ、「適用の基準」とは異なる助数詞用法や複雑な用法、例えば、イカ・タコには「杯《はい》」、位牌《いはい》には「柱《はしら》」、ウサギには「羽《わ》」、琴には「張《ちょう・はり》」、魚には「喉《こん》」、材木には「石《こく》」、仏像には「軀《く》・座《ざ》」、船には「杯《はい》」、羊羹《ようかん》には「棹《さお》」、刀・剃刀《かみそり》・壺・土器には「口《く》」などの数え方もあることを示している。だが、「この助数詞一覧は、従来一般的とされてきたものを収録した」資料であって、「新聞記事」では使うとは限らない、助数詞表記については同適用基準に従う、と断っている。

## 日本語の将来

日本人は、とくに二〇世紀のなかばあたりから、自然界との接触をなくしてきた。日本の食料自給率が四割を切ったというのも、その一つの象徴であろう。楽しく美しく、安らかでおいしい生活スタイルを追求してきた、その過程で、日本語の語彙や表現にも質的、構造的な変化が生じ、各地の生活語彙・生業語彙なども激減してきた。

助数詞も、こうした趨勢《すうせい》とは無関係ではあり得ない。ことに、今日の日常生活においては古典に親しむ機会が乏しくなり、書き言葉のシェアも狭まりつつある。若い世代は、在来的な言葉遣いは敬遠し、斬新で簡潔な表現を好む傾向にある。日本に働き、学ぶ外国人も増え、やさしい日本語も求められている。助数詞は、書き言葉としての性格をとどめる部分があり、ために新旧の新陳代謝がとどこおりがちであったかもしれない。「選別の繁」「使いわけの困難」をもたらしている部分もあり、表現の平明化、読者・執筆者の負担軽減の処置もやむ得ないところがある。

しかし、右は新聞（報道関係）における「助数詞適用の基準」であって、国民一般の言語生活にそのまま適用する必要はない。もちろん、強要されるようなことがあってもならない。新聞は、各種の文字言語を駆使する報道機関であるが、その使命遂行のため、独自の表現力・語彙力を有する業界である（参照、国立国語研究所報告37・38・42・48『電子計算機による新聞の語彙調査（I～IV）』一九七〇年〈昭和四五〉～七三年、秀英出版）。日本には、これ以外にも多様な表現世界があってよいはずである。

助数詞は、これが分析的な類別機能をもつからこそ、古代から使用されてきたのである。日本語の助数詞が、いつか「一個」「一つ」に集約されるとすれば、それは同時に、「個」や「つ」の類別機能が弱くなり、衰えてしまったときであろう。だが、そうなった助数詞は、もはや使用する価値がなく、出番はない。数字（数詞）によるだけの表現と、何ら変わりがないからである。ならば、万事、数字によるだけの表現で済ませることができるであろうか。それは、できない。数か量か、あるいは、単一品か合成品か、また、風袋《ふうたい》単位か組成単位か等々、その数字の意味するところが正確に理解できないからである。もちろん、その性質や形状もわからない。名詞に数字をつけるだけでは限界は大きい。

我々は、ものごと（対象）のありように従い、その数・量を分析的に言い分けていく方法を、すでに知ってしまっている。このような表現方法を、この先、放擲《ほうてき》し、あるいは、不要とするようなことは、決してないであろう。

新聞用語懇談会は、助数詞の種類が多いことは日本語の特質であること、助数詞によって多彩な表現ができること、助数詞には事物の性質や形状まで推知させる機能があることを認めている。朝日新聞社も、適用基準に従うとはいいながら、「従来一般的とされてきた」助数詞用法を机上からどけるつもりはないようである。

世界人口は、現在約五三億七二〇〇万人、これが、二〇二五年には約八一億七七〇〇万人に増えると推計される（『最新 世界各国要覧』七訂版、東京書籍）。だが、日本の人口は、二〇〇六年に一億二七七四万人でピークに達し、以後、長期の人口減少過程に入ると推計される（国立社会保障・人口問題研究所、二〇〇二年一月推計）。深刻な問題であり、しかも、この減少時代は予測より二年早まる可能性があるとも報じられる（二〇〇五年八月二三日の厚生労働省の人口動態統計速報）。一方、二〇〇一年二月、ナイロビで開催された国連環境計画（UNEP）の閣僚級環境フォーラムでは、グローバリゼーションによって、世界中の言語（五～七千）のうち、二千五百以上の言語が「絶滅」の危機にさらされていると報告された（『朝日新聞』二〇〇一年二月一二日）。

こうした状況のなかで、日本語使用者はどのような位置を占めていくことになろうか。日本の伝統・文化をはぐくみ、支えてきた日本語の豊かさを、あえて削ぎ落としていくようなことは避けたいものである。

# あとがき

本書では、日本語の数え方（助数詞《じょすうし》）は、もと、中国古代の量詞《りょうし》（助数詞）の借用に始まる、それは「文書行政」の導入に伴うものと述べた。いわば、七世紀中葉からの徴税システムの整備・確立という問題が大きく関与していると考えたのである。が、この点は、なお、慎重に検証していく必要がある。もし、そうだとすれば、言葉の体系の異なる日本語のなかで、外来のそれが、なぜ、こうまで栄えるに至ったのか、その要因は何か、と問われる。

結果的に、日本人は、ものごとの形状・性質・様態などを確かめながら数え、かつ、伝達するという、類別的表現方法（助数詞）を習得した。生活様式が多様化し、社会関係が複雑化していくにつれて情報量は増大し、正確さが要求される。ものごとを類別しながら数えるという方法は、分析的表現方法の一つであり、時代の流れにそった必然的な情報処理方法でもあった。ただし、この表現方法は、それなりの認知・知覚作用を前提とする。

右については、より高次の言語文化史・精神史の面から重ねて検討し、日本語の本性を総合的に究明していかなければならない。

あるいは、一方、日本にも固有の助数詞が、やはり、それなりの形で存在していたのではないか、それが、しかし、繁殖力旺盛《おうせい》な外来種《がいらいしゅ》によって駆逐《くちく》され、見る影もなく消滅してしまったのではないか、といったことも繰り返し検討してみなければならない。これには、和語「つ」の問題、また、和語の数詞の問題も関連している。

口頭語世界における「数え方」については、十分に触れないでしまったようである。当初、一応の計画はしていたのだが、ついつい文字資料にかたより、紙幅を費やしてしまったらしい（その文字資料についても、頭でっかちで尻すぼみとなった感があるが……）。

口頭語の世界は、そもそも文字化されにくい世界ではある。だが、各種の数え方（助数詞）は発達していた。その徴証はあちこちに認められる。奈良時代でも院政期でもそうだが、特に、中世末のキリシタン資料によれば、日々の生活のなかの器物・用具、日常的な労働・作業、また、戦闘行動などにちなむ数え方がたくさんみえている。近世・近代の口語色の強い種々の作品、各地方の文書・記録資料、また、現代の方言などにも、興味深い、また、なるほどと感心されるような用例や用法がみえている。その詳細については他日を期したい。

本書に与えられた課題は、「日本人は物をどう数えてきたか」、すなわち、日本の「数える」文化について執筆することであった。吉川弘文館編集部の宮川久氏、また、鎌本亜弓氏のご指導・ご高配に対し、深く感謝申し上げたい。ただ、視野も狭く、不断の蓄積もないために、編集部のご期待に十分応えることができなかったのは、心苦しいかぎりである。心よりお詫び申し上げる次第である。

二〇〇五年一〇月

三 保 忠 夫 識

**著者略歴**
一九四五年、島根県に生まれる
一九七五年、広島大学大学院文学研究科博士課程退学
現在、国立大学法人島根大学教育学部教授

主要著書
雲州往来享禄本　研究と総索引(共著)　日本語助数詞の歴史的研究　近世書札礼を中心に　木簡と正倉院文書における助数詞の研究　古文書の国語学的研究

歴史文化ライブラリー
210

# 数え方の日本史

二〇〇六年(平成十八)三月一日　第一刷発行

著　者　三《み》保《ほ》忠《ただ》夫《お》
発行者　林　英　男
発行所　株式会社 吉川弘文館
東京都文京区本郷七丁目二番八号
郵便番号一一三―〇〇三三
電話〇三―三八一三―九一五一〈代表〉
振替口座〇〇一〇〇―五―二四四
http://www.yoshikawa-k.co.jp/

印刷＝株式会社 平文社
製本＝ナショナル製本協同組合
装幀＝山崎　登

歴史文化ライブラリー

1996.10

## 刊行のことば

現今の日本および国際社会は、さまざまな面で大変動の時代を迎えておりますが、近づきつつある二十一世紀は人類史の到達点として、物質的な繁栄のみならず文化や自然・社会環境を謳歌できる平和な社会でなければなりません。しかしながら高度成長・技術革新にともなう急激な変貌は「自己本位な刹那主義」の風潮を生みだし、先人が築いてきた歴史や文化に学ぶ余裕もなく、いまだ明るい人類の将来が展望できていないようにも見えます。このような状況を踏まえ、よりよい二十一世紀社会を築くために、人類誕生から現在に至る「人類の遺産・教訓」としてのあらゆる分野の歴史と文化を「歴史文化ライブラリー」として刊行することといたしました。

小社は、安政四年（一八五七）の創業以来、一貫して歴史学を中心とした専門出版社として書籍を刊行しつづけてまいりました。その経験を生かし、学問成果にもとづいた本叢書を刊行し社会的要請に応えて行きたいと考えております。

現代は、マスメディアが発達した高度情報化社会といわれますが、私どもはあくまでも活字を主体とした出版こそ、ものの本質を考える基礎と信じ、本叢書をとおして社会に訴えてまいりたいと思います。これから生まれでる一冊一冊が、それぞれの読者を知的冒険の旅へと誘い、希望に満ちた人類の未来を構築する糧となれば幸いです。

吉川弘文館

〈オンデマンド版〉
# 数え方の日本史

歴史文化ライブラリー
210

2019年（令和元）9月1日　発行

著　者　三《み》保《ほ》忠《ただ》夫《お》
発行者　吉　川　道　郎
発行所　株式会社　吉川弘文館
〒113-0033　東京都文京区本郷7丁目2番8号
TEL　03-3813-9151〈代表〉
URL　http://www.yoshikawa-k.co.jp/

印刷・製本　大日本印刷株式会社
装　幀　清水良洋・宮崎萌美

三保忠夫（1945～）

ISBN978-4-642-75610-5